一秒破冰

朱振 著

台海出版社

图书在版编目（CIP）数据

一秒破冰 / 朱振著. -- 北京：台海出版社，2025.
5. -- ISBN 978-7-5168-4198-3

Ⅰ．C912.11-49

中国国家版本馆CIP数据核字第2025B8J028号

一秒破冰

著　　者：朱　振

责任编辑：俞滟荣

出版发行：台海出版社
地　　址：北京市东城区景山东街20号　　邮政编码：100009
电　　话：010-64041652（发行，邮购）
传　　真：010-84045799（总编室）
网　　址：www.taimeng.org.cn/thcbs/default.htm
E - m a i l：thcbs@126.com

经　　销：全国各地新华书店
印　　刷：三河市兴博印务有限公司
本书如有破损、缺页、装订错误，请与本社联系调换

开　　本：880毫米×1230毫米　　1/32
字　　数：126千字　　　　　　　　印　张：6
版　　次：2025年5月第1版　　　　 印　次：2025年5月第1次印刷
书　　号：ISBN 978-7-5168-4198-3

定　　价：49.80元

版权所有　　翻印必究

目 录

第一章
想要破冰，先要识"冰"

003 社交关系为何冷若冰封，像冰山一样阻拦我们前进？
004 沟通失效：难以破冰的最直接原因
006 信任缺失：难以破冰的深层次原因

009 拒绝做社交敏感者，克服被拒绝的恐惧
010 不要焦虑，别把交际当成负担
011 你不是内向，你只是缺乏刻意练习
015 克服自卑心理，重塑社交自信
018 不要让害羞成为交际绊脚石
025 主动出击是成功破冰的第一步

033　不做社交自我主义者，打破社交困境

034　摆脱自我中心的思维，不要夸大事实，更不要夸耀自己

039　换位思考，习得共情能力

045　不要总想得到他人关注，更不要渴求时时赞美

049　不要试图控制谈话对象，更不要企图掌控对话方向

056　社交中，你一定要拥有"被讨厌的勇气"

第二章

三招破冰，扭转社交不利局势

063　**学会说话**

063　为什么"会说话"非常重要，怎样才是"会说话"？

066　交谈时先释放出好感，别人才会喜欢你

069　见面主动打招呼，记得加上对方的称呼

071　懂得赞美对方，真心夸奖他人

073　不要把闲谈当成闲扯，让无用之言发挥作用

075　不要总是"我我我"，要与对方成为"我们"

078　不要说"我也是"，不要抢别人的话题

079　懂得何时开口何时闭嘴，才是破冰达人

081　有理也要让三分，别"赢"了争辩，"输"了人脉

085　请把自己想成"主持人"，而不是特邀嘉宾

087　说话的十大原则

学会提问

092　为什么说"会提问"的重要性不亚于"会说话"？

094　为什么提问题前要做好准备，又该如何做准备？

097　为什么说提问要简洁明了，一句话就能完整表达出你的问题？

099　不要刨根问底，掌握"追问而不逼问，深入而不侵入"的分寸

103　追本溯源式提问往往最有力量？

107　迂回式提问往往会有奇效

109　什么是有效提问，什么又是无效提问？

112　没有提问公式，但有通用的提问方法

117　提问的十大原则

学会倾听

123　为什么"会倾听"非常重要，怎样才是"会倾听"？

126　谁都希望有听众，让对方感觉到你在认真听

130　说二分，听八分，少说多听最聪明

133　不带成见去倾听，才能真正有效倾听

136　听懂肢体语言才是真正会倾听

139　沉默是金，但倾听时不能一直沉默

142　听"八卦"也是倾听，但不要传"八卦"

144　"随声附和"是人人都需要学习的社交技能

148　倾听的十大原则

第三章

破冰只是起点，稳定长期的人际关系才是沸点！

155 **信任是合作的基石，深度信任是长久合作的基础**
155 在合作中要始终做到信息透明，共享才是稳定关系的基础
157 合作中遇到问题要及时反馈，千万不要遮遮掩掩
160 造成失误要主动承担责任，千万不要推诿
163 与人交往要有包容性，容忍他人的非原则性错误

167 **长期稳定的关系需要持续维护**
167 建立个人品牌，成为对别人"有用"之人
170 不要用人朝前，不用人朝后
173 良好的个人关系，是长期合作的关键

177 **互利共赢，才能永远破冰**
177 风物长宜放眼量，避免短期利益的诱惑
181 确保合作公平，双方"利益均沾"
183 善待竞争对手，任何人都会变成你的盟友

第一章 想要破冰，先要识「冰」

想要破冰,先得知道冰在何处,冰从何而来,社交关系陷入冰山僵局的原因何在?找对问题的答案,对症下药,才能事半功倍。

社交关系为何冷若冰封，像冰山一样阻拦我们前进？

心理学认为，以消极情感和态度应对社交是造成很多问题的根本原因。消极情感，尤其是愤怒、怨恨、失望等情绪最容易导致沟通障碍，进而影响社交关系。比如，当一方感到不被尊重，可能会采取冷漠或攻击，另一方则回应以更多的负面情绪，导致关系恶化，陷入交际僵局，关系如同冰封。

消极情绪会影响人的判断，令人产生认知偏差，比如过度概括或负面过滤，在这种情况下，与人沟通自然会进一步加剧矛盾，不可能形成良好的社交关系，更不会达成合作。

社交关系的本质是情感与需求的互动，而消极的情感和感觉（如怨恨、冷漠、不信任等）之所以成为僵局的"根本原因"，是因为它们会从根本上破坏社交关系赖以生存的两大核心要素——有效沟通和信任基础。沟通的失效和信任的缺失相互交织，相互影响，自然会导致矛盾积累，关系也不得不恶化到冰点。

想要解决以上两个核心要素问题，我们就得先对其进行深入的分析：

沟通失效：难以破冰的最直接原因

沟通是人际关系的基石，而沟通失效是导致关系僵持的最直接原因。具体表现为缺乏有效表达，也就是无法清晰、准确地表达自己的想法、感受和需求，导致对方误解或忽视。沟通方式不当也是导致沟通失效的原因之一，比如过于激烈、指责性或消极的沟通方式会伤害对方的感情，使对方产生抵触情绪，必然走向沟通的失败。

沟通失效的核心在于双方未能建立一个开放、诚实且相互尊重的交流环境，使得问题无法得到及时解决，矛盾逐渐积累。再加上信息不完整或主观臆断，对对方的意图产生误解，从而引发不必要的矛盾，沟通中更不会给予对方回应或反馈，让对方感到被忽视，导致关系疏远，最终关系降至冰点，不会达成任何合作。

以下是一个沟通失效的经典案例：

苹果公司早期，乔布斯和联合创始人史蒂夫·沃兹尼亚克意识到施乐公司的帕洛阿尔托研究中心开发的图形用户界面

(GUI)技术具有巨大的潜力。这种技术能够让计算机操作更加直观和用户友好，与当时主流的命令行界面相比，是一个巨大的进步。于是，乔布斯决定与施乐公司进行谈判，试图获取这项技术的授权，将其应用到苹果产品中。

乔布斯和沃兹尼亚克前往施乐公司总部，与施乐的高管和技术团队进行了会面。他们向施乐展示了苹果公司的愿景和潜力，强调了图形用户界面技术在个人电脑领域的巨大价值。乔布斯认为，施乐公司虽然在技术研发上处于领先地位，但在将技术转化为商业产品方面进展缓慢。他希望施乐能够授权苹果使用这项技术，从而推动个人电脑的革命性发展。

然而，在谈判中，乔布斯高傲又坚决地提出了一个相对较低的授权费用。在施乐公司的人看来，他言过其实，过于夸夸其谈。乔布斯认为，施乐公司虽然尚未在个人电脑市场上取得实质性进展，而苹果公司则有潜力将这项技术推向全球市场。因此，他试图以较低的价格获取授权，同时承诺将施乐的技术发扬光大。施乐的高管们认为，苹果公司虽然有潜力，但当时还是一家规模较小的初创企业，其市场影响力有限。他们认为，苹果提出的授权费用过低，不足以反映这项技术的真实价值。

由于双方在授权费用和合作方式上存在巨大分歧，在沟通过程中，乔布斯态度比较激烈，还对对方多有语言上的指责，施乐则因为对苹果的不了解而消极应对，最终谈判破裂。施乐公司拒绝了乔布斯的提议，双方未能达成任何合作协议。

信任缺失：难以破冰的深层次原因

信任是人际关系的润滑剂，而信任的缺失是导致关系陷入僵局的深层次原因。信任一旦缺失，关系很难修复。信任的缺失源于双方在行为、态度或价值观上的不一致，导致一方或双方对彼此的可靠性、真诚度或忠诚度产生怀疑。最严重的信任破坏行为包括说谎、隐瞒重要信息等。以下是一个信任缺失导致沟通无效的经典案例：

20世纪90年代初，沃尔玛和宝洁公司曾就供应链合作展开谈判。沃尔玛希望通过与宝洁的深度合作，优化库存管理，降低成本，并提升商品的销售效率。为此，沃尔玛提出了一项创新的合作计划，希望宝洁能够将其供应链系统与沃尔玛的库存管理系统进行深度整合，实现数据共享和实时补货。

沃尔玛的代表在谈判中强调了这种合作模式的潜在优势，认为这将为双方带来巨大的成本节约和效率提升。然而，宝洁公司对沃尔玛的提议持谨慎态度。宝洁的管理层担心，将供应链数据完全共享给沃尔玛可能会使公司在谈判中失去议价能力，甚至可能泄露商业机密。此外，宝洁还担心沃尔玛可能会利用整合后的供应链系统，进一步压低采购价格，从而损害宝洁的利益。

在谈判过程中，宝洁的代表多次提出对数据安全和商业机密的担忧，但沃尔玛未能充分理解这些问题的严重性，认为宝洁的担忧是多余的。沃尔玛的代表坚持认为，双方的合作将带来双赢的结果，而宝洁的担忧可以通过技术手段轻松解决。然而，宝洁公司对沃尔玛的诚意和能力缺乏信任，认为沃尔玛可能无法有效保护其数据和商业机密。

由于双方在信任问题上存在巨大分歧，谈判最终陷入僵局。沃尔玛试图通过展示技术优势和市场潜力来说服宝洁，但宝洁公司始终坚持其立场，认为在信任问题没有得到充分解决之前，无法推进合作。最终，双方未能达成一致，合作计划搁置。

在随后的几年里，沃尔玛和宝洁各自探索了其他供应链优化方案，但都未能达到预期的效果。沃尔玛意识到，与供应商的信任关系是供应链合作的关键，而宝洁也认识到，过度保守的态度可能会错失与大型零售商合作的机会。

沟通失效和信任缺失往往是相互作用的。沟通失效导致信任缺失，当沟通不畅时，误解和矛盾会不断积累，进而导致信任受损。信任缺失会加剧沟通失效，当信任缺失时，双方会变得更加敏感和防备，沟通时更容易产生误解和冲突。这种恶性循环会不断加剧关系的紧张，最终导致关系陷入僵局。

要改善这种局面，就需要改善沟通，建立信任，只有从根本上解决沟通和信任问题，才能打破僵局，修复和改善人际关系，成功破冰。而解决以上问题前我们首先要清楚自己是哪一种社交人格，才能更有效地解决社交问题，走出社交失败的冰山。

一般情况下，让社交遭遇尴尬局面的人格有两种，而且每个人都在某种程度上属于这两种人格之一：社交敏感者和社交自我主义者。

拒绝做社交敏感者，
克服被拒绝的恐惧

社交敏感者是指那些在社交场合中对他人的情绪、行为和评价异常敏感的人。他们通常会过度关注他人的看法，容易在社交互动中感到紧张和不安。社交敏感者往往会在社交前反复思考如何表现，担心自己的言行会引发他人的负面评价。在社交过程中，他们可能会过度解读他人的表情和言语，将其视为对自己的批评或排斥。例如，别人的一句无心之言或一个皱眉的表情，都可能让他们陷入自我怀疑和焦虑之中。这种敏感性不仅影响他们在社交场合中的表现，还可能导致他们在社交后反复回想细节，深陷负面情绪。社交敏感者通常渴望与人建立良好的关系，但又因内心的不安和恐惧而难以自然地融入社交环境。

社交敏感者在社交生活中经常遇到的困难，比如不敢表达自己的意见，担心被他人拒绝，或者在社交场合中感到不自在，根本的原因是对社交与自我的认知出现了偏差，比如将社交当成负担，比如认为自己性格内向，再比如经常在与人社交时感到自卑，在社交中经常感觉尴尬害羞。要克服社交敏感性，核心在于重塑自我价值感，学会与不确定性共处，需要通过认知重构、行为训练和心理韧性的培养来逐步实现，可以从以下几个方面入手：

不要焦虑，别把交际当成负担

交际是一种人与人之间的互动，是分享、理解和支持的过程。它不应该是一种负担，而是一种丰富生活、建立联系的方式。当我们以开放的心态去面对交际时，会发现它其实可以带来很多意想不到的惊喜和快乐。

社交敏感者容易焦虑，因为对交际的误解或过度焦虑，而将其视为一种令人畏惧的事情，甚至当成是负担。然而，交际其实可以是一种愉悦的体验，是建立人际关系、拓宽视野、分享快乐的重要方式。

社交敏感者，害怕在交际时自己的言行会被他人评判，从而产生焦虑和紧张，对自己能力或魅力的不自信，在社交场合中感到不安。有时还会因为交际目的性过强，把交际当作一种手段（如获取资源、人脉等），而忽视了其本身的乐趣，会感到压力倍增。

改变这一状况其实并不难，只要你学会调整心态，把交际当作一种自然的交流，而不是一场表演就成功了一半。记住，每个人都有自己的优点和不足，无需过度担心。在交际时，尽量从兴趣出发，选择自己感兴趣的社交场合或活动，这样更容易找到共同话题，也能减少紧张感。交际不仅仅是说话，更是倾听。通过倾听他人，你可以更好地理解对方，也能让对方感受到尊重。

如果你还是感到紧张，可以从简单的社交活动开始，逐步积累经验，增强自信。另外，一定要记得，要把注意力放在交流本身，而不是结果上。享受与人互动的乐趣，而不是过分关注他人的评价、反应。没有人能在交际中表现得完美无缺。偶尔的失误或尴尬并不可怕，它们也是社交的一部分，最重要的是你要记住不要焦虑，不要将社交当成负担。

你不是内向，你只是缺乏刻意练习

刻意练习是一种高效提升技能的方法，同样适用于社交技能的提升。杰奎琳·肯尼迪以其卓越的社交能力而闻名，但她并非天生的社交达人，也是通过刻意练习，才学会了如何在对话中给予对方充分的关注，使对方觉得自己是"世界上唯一活着的人"。这种能力不仅让她在社交场合中备受赞誉，也为她赢得了广泛的尊重和喜爱。

杰奎琳的社交技巧并非天生，而是通过长期地观察、学习和实践逐渐形成的。

以下是一些具体的刻意练习方法，帮助你逐步提升社交能力：

首先，设定明确的目标。

具体化目标：明确你希望通过练习提升哪些社交技能，例如更自信地表达自己、更好地倾听他人，或扩大人脉等。

分阶段目标：将大目标分解为小目标，例如每周主动与一个陌生人交流，或每月参加一次社交活动。

其次，选择合适的练习场景。

小规模社交活动：从简单的场景开始，如参加小型聚会、兴趣小组或志愿者活动，这些场合相对轻松，压力较小。

模拟场景：如果感到紧张，可以先通过模拟练习来适应。例如，与朋友一起模拟社交场景，练习开场白、话题引导等技巧。

再次，观察和模仿。

观察他人：在社交场合中，观察那些社交能力强的人，学习他们的肢体语言、表情管理和对话技巧。注意他们如何引导话题、如何与他人建立联系。

模仿练习：在自己的社交实践中，尝试模仿这些技巧，但不要刻意模仿到让对方感到不自然。

第四，练习非语言沟通。

肢体语言：保持开放的肢体语言，例如微笑、眼神交流、点头等。这些非语言信号能传递友好和自信，让对方感到舒适。

控制语速和语调：练习控制语速，避免过快或过慢。同时，注意语调的抑扬顿挫，让对话更生动。

第五，利用工具和资源。

阅读相关书籍：例如《如何赢得朋友与影响他人》《社交恐惧症的自我疗愈》等，这类书籍会提供很多实用的社交技巧和建议。

参加社交培训课程：一些线上或线下的社交技能培训课程可以帮助你系统地学习社交技巧。

使用社交软件：通过社交软件练习与人交流，例如在社交媒体上主动与人互动，或通过线上兴趣小组结识新朋友。

第六，反思和调整。

记录和总结：每次社交活动后，记录自己的表现和感受，总结哪些地方做得好，哪些需要改进。

设定改进计划：根据总结的结果，设定具体的改进计划，并在下一次练习中尝试应用。

第七，持续练习。

定期参加社交活动：每周或每月安排时间参加社交活动，

不断积累经验。

挑战自我：逐渐尝试更复杂的社交场景，如公开演讲、大型聚会等，不断挑战自己的舒适区。

通过刻意练习来提高社交技能的不只有杰奎琳·肯尼迪，还有一个电脑天才。大多数电脑天才在人们的眼中都是内向的，但也有个别的例外，比如比尔·盖茨，他不仅不内向，甚至可以说是一个社交高手。但他并不是一个社交天才，而是通过刻意练习成为一个社交高手的。

比尔·盖茨母亲在发现儿子性格内向并深知社交技能的重要性后，在他童年时期就特别注意对其进行系统性社交训练，最终帮助他逐渐克服内向性格，成为善于沟通的企业领袖。

玛丽·盖茨是一位极具掌控力的社交工程师，她通过以下方式刻意培养盖茨的社交能力：

玛丽经常在家中举办社交派对，要求三个孩子参与服务与互动。盖茨的任务是端茶送水，借此旁听成年人的谈话，并尝试插话提问。这种环境迫使他从小接触复杂社交场景，学习倾听和表达技巧。

每年盖茨家族与其他十几个家庭共同度假时，孩子们需通过抓阄与不同家庭的大人共进晚餐。这一安排旨在训练盖茨与陌生人自然交流的能力，打破社交舒适圈。

盖茨与朋友约定每年万圣节互换节日装扮，而非自己穿戴。这一创意活动鼓励年轻人主动打破隔阂，通过互动建立联系，成为他早期社交技巧的实践场。

1995年，玛丽主动安排盖茨与沃伦·巴菲特会面。盖茨起初对这位"乡下投资人"毫无兴趣，计划仅停留一小时，但两人最终连续畅聊13小时。这次会面得益于盖茨从小积累的社交能力，使他能在短时间内建立深度对话，发现共同兴趣（如桥牌与阅读），并转化为长期合作关系。

这一系列刻意练习不仅塑造了盖茨的沟通风格，更成为他商业成功的重要支撑。从被迫参与社交到主动构建人脉网络，盖茨的经历也证明社交能力可以通过系统性刻意练习来提升。

克服自卑心理，重塑社交自信

克服自卑心理并建立自信，是成功社交的关键，但这不仅是一个需要时间和耐心的过程，还需要通过一些方法和策略。不过只要你愿意进行努力，一定可以逐渐改善自己的心态，成为拥有社交自信的人，进行成为人人羡慕的社交达人，以下是一些方法和策略：

首先，要进行自我认知与接纳。

了解自己：花时间思考自己的优点和不足，不要只关注缺点。每个人都有独特的价值。

接纳自己：接受自己的不完美，不要因为某些不足而否定自己。记住，没有人是完美的。

其次，进行积极的自我对话。

改变思维方式：当你发现自己陷入消极的自我对话时，停下来，用积极的语句替换消极的想法。例如，将"我做不到"改为"我可以试试"。

肯定自己：每天给自己一些积极的肯定，比如"我很棒""我值得被尊重"等。

再次，努力提升技能和扩充知识。

学习新技能：掌握一些实用的技能，比如沟通技巧、礼仪知识等，会让你在社交场合中更有底气。

持续学习：通过阅读、参加培训等方式不断提升自己，知识和技能的积累会增强你的自信心。

第四，关注他人。

倾听他人：在社交中，多关注他人的需求和感受，而不是只关注自己。当你把注意力放在他人身上时，会减少对自己的过度关注。

赞美他人：真诚地赞美他人，不仅能让他们感到开心，也能提升你自己的情绪。

第五，保持乐观的心态。

积极面对：即使遇到困难，也要努力看到积极的一面。乐观的心态会让你更容易克服自卑。用日记或笔记记录自己在社交中的进步，定期回顾，感受自己的成长。

相信自己：相信自己有能力克服困难，实现目标。每天给自己一个微笑，告诉自己"我可以"。

通过以上这些方法和策略，你一定能逐步克服自卑心理，变得更加自信和从容，成为破冰达人。田中角荣是日本著名政治家，但他小时候却是一个内向且自卑的人。他出生于一个贫困家庭，两岁时因患白喉留下口吃的后遗症，这让他在与人交流时感到极度自卑，甚至抗拒与长辈说话。田中角荣的母亲一直鼓励他克服口吃的毛病。她告诉他，只要努力，就能改变现状。母亲的支持成为他克服自卑的重要动力。田中角荣将克服口吃的第一个关键点放在了舞台上。他开始苦练台词，将台词倒背如流，并通过舞台表演锻炼自己的表达能力。第一次成功的舞台表演让他找到了自信，也让他意识到自己有能力克服内向和自卑。

经历了舞台表演的成功后，田中角荣开始有意识地寻找各种可以锻炼自己的机会。他主动参加社交活动，逐渐学会了与人交流和互动。通过不断练习，他的口才和社交能力有了突飞猛进的提高。田中角荣意识到，自卑并不是无法改变的缺陷，而是一种可以通过努力克服的心理障碍。他不再回避自己的不足，而是积极面对，并通过实际行动去改善。

通过不懈的努力，田中角荣不仅克服了内向的性格，还成为一位出色的演说家和政治家。他的成功证明了内向和自卑并不是社交的绊脚石，反而可以成为激励自己前进的动力。

他的故事证明，以积极的心态不断努力，内向者完全可以克服自卑，成为社交达人。当然，我们一定要记住，改变需要时间，不要急于求成，相信自己，你一定能够克服自卑，重塑社交自信！

不要让害羞成为交际绊脚石

社交敏感者往往也是比较害羞的人，害羞是一种常见的心理状态，表现为在社交场合中感到紧张、不安或不自在。适度的害羞是正常的，但如果过度害羞，可能会对社交产生多方面的负面影响。

害羞的人往往不敢主动与他人打招呼、交谈或表达自己的想法，导致错过结识新朋友的机会。例如，在社交聚会中，他们可能选择躲在角落，而不是主动加入讨论。即使与他人建立了初步的联系，害羞也可能阻碍关系的进一步发展。害羞的人可能因为害怕被拒绝或担心自己的表现而不敢分享内心的想法或感受，导致关系停留在表面。由于害怕社交场合，害羞的人往往只与少数熟悉的人交往，难以拓展新的社交圈子，从而限制了人际关系的多样性。

害羞的人在社交场合中可能会因为紧张而无法清晰、准确地表达自己的想法。他们可能说话吞吞吐吐、声音过小或频繁使用模糊的词汇，导致他人难以理解其意图。由于害怕被关注，害羞的人可能会在关键时刻选择沉默，错过表达自己观点或展示自己的机会。例如，在工作会议中，他们可能不敢提出自己的建议，导致自己的想法被忽视。

害羞的人往往对他人对自己的看法过于敏感，总是担心自己会被负面评价。这种过度的担忧会导致他们在社交场合中感到极度紧张和焦虑，甚至出现心慌、出汗、颤抖等生理反应。

一旦在社交场合中出现紧张或失误，害羞的人往往会过度反思并放大这些负面经历，从而进一步增强他们的社交恐惧感。这种负面循环会使他们在未来的社交场合中更加紧张和不安。为了逃避这种焦虑感，害羞的人可能会选择回避社交场合，导致社交技能逐渐退化，进一步加剧社交障碍。

在职场中，社交能力往往被视为一种重要的职业素养。害羞的人可能因为不敢主动与同事交流、不敢参加社交活动或不敢在会议上发言，从而错过晋升机会或合作项目。团队合作需要成员之间积极沟通和协作，而害羞的人可能因为不敢表达自己的想法或不敢提出建议，导致团队合作效率降低。例如，在小组讨论中，他们可能因为害怕被批评而不敢分享自己的创意。

害羞对社交的负面影响是多方面的，不仅会影响人际关系的建立和发展，还会增加社交焦虑、影响职业发展、降低心理健康水平，甚至让人错过生活中的美好体验。然而，害羞并不是一种不可改变的性格特征，通过积极的心态调整、社交技能的训练和心理支持，人们可以逐步克服害羞，提升社交能力，从而享受更加丰富多彩的社交生活。

害羞的人克服社交障碍需要时间和耐心，但通过一些方法和策略，可以逐步提升社交能力，增强自信心。以下是一些实用的建议，帮助害羞的人克服社交障碍：

首先，要进行认知调整，改变对社交的恐惧心理。

社交敏感者一定要认识到害羞是正常的，更要明白害羞是一种普遍的情感反应，很多人都会在某些社交场合中感到紧张或不自在。这不是一种缺陷，而是一种可以被理解和改善的心理状态。害羞的人往往会有负面的自我暗示，比如"我一定会出丑""别人会觉得我很奇怪"。要学会识别这些负面思维，并用积极的思维去替代它们，例如"我可以尝试，哪怕不完美也没关系""别人其实没那么关注我"。

接受不完美的自己和不完美的事情。社交中难免会有失误或尴尬的时刻，但这些并不意味着失败。接受自己的不完美，把注意力放在交流本身，而不是过度关注自己的表现。

其次，要提升社交技能，增强自信和能力。

在社交中，清晰地表达自己的想法很重要。可以通过写日记、练习演讲或参加语言表达课程来提升自己的表达能力。当你能够更流畅地表达自己时，自信心也会随之增强。

非语言沟通（如眼神交流、微笑、肢体语言）在社交中也非常重要。保持自然的眼神交流、微笑和开放的肢体语言，可以让你显得更加友好和自信，敏感的你可能不善言谈，但一定可以保持微笑，多与他人进行眼神交流。

再次，寻找支持和练习机会。

条件允许的话，你可以参加一些兴趣小组，如读书俱乐部、户外运动小组或语言学习小组。这些小组通常有共同的兴趣点，话题更容易展开，压力也相对较小。现在有很多社交技能培训课程或工作坊，可以帮助你系统地学习社交技巧。这些课程通常会提供模拟场景，让你在安全的环境中练习。

此外，也一定要和朋友或家人分享你的感受，让他们帮助你在社交中提供支持。比如，他们可以在聚会中主动引导你参与话题，或者在你紧张时给予鼓励。

第四，放松和自我调节，减轻紧张情绪。

在社交场合之前，可以通过深呼吸、冥想或简单的放松练习来缓解紧张情绪。这些方法可以帮助你平静下来，更好地面对社交场景。

在社交前，给自己一些积极的心理暗示，比如"我可以做到""我今天会很放松"。这些积极的暗示可以提升你的自信心。如果在社交中感到紧张，可以尝试一些简单的放松方法，比如深呼吸、微笑或转移注意力。不要强迫自己立刻变得完美，而是给自己一些时间和空间去适应。

第五，从失败中学习，积累经验，逐步前进。

在社交中，可能会遇到尴尬或不顺利的情况，但这些并不是失败，而是成长的机会。每次经历都可以让你学到新的东西，比如如何更好地应对紧张情绪，或者如何找到更合适的交流方式。

每次社交活动后，花一点时间总结自己的表现。想想哪些地方做得好，哪些地方可以改进。通过不断总结，你会发现自己在社交中越来越成熟。

第六，如果你不能克服害羞，那一定要找到自己的社交风格。

内向和害羞并不是缺点，而是性格的一部分，有时候人并不一定能克服害羞的特点，但可以学会与之共存，找到适合自己的社交方式，比如更倾向于深度交流而不是热闹的聚会，或者更喜欢小范围的社交活动。每个人都有自己的优势，比如善于倾听、有深度的思考能力或独特的见解。在社交中，发挥这些优势，让别人看到你的独特之处。

总之，通过认知调整、逐步积累经验、提升社交技能、寻找支持和放松心态，害羞的人完全可以逐步改善自己的社交能力。记住，社交是一个双向的过程，不要害怕迈出第一步。每一次尝试都是进步的开始，而每一次进步都会让你更加自信。

以下是一些害羞的名人通过努力成为社交达人的案例：

萧伯纳是英国著名的现实主义戏剧家和语言大师，但他小时候却是一个极度害羞的人。20岁时，他第一次参加演讲会，却因为紧张而讲话颠三倒四，甚至被观众轰下台。为了克服害羞，他开始参加各种讨论会，并对着镜子练习演讲，通过不断努力，他逐渐掌握了演讲的技巧和自信。最终，他以幽默风趣的风格赢得了观众的掌声，成为一位令人倾倒的演说家。

丘吉尔是英国杰出的政治家，也是"二战"时期盟军的重要领导者之一。然而，他年轻时非常害羞，一讲话就脸红，期期艾艾。为了克服这一弱点，他每天对着镜子练习演讲，认真思考每一个词语、语调和神态，并在现实生活中不断磨炼。几年后，他便成为一位风度翩翩、语惊四座的演说家，他的演讲在"二战"中极大地鼓舞了英国军民的士气。

阿德勒是奥地利著名心理学家，个体心理学的创始人。他小时候身体虚弱，相貌平平，还患有软骨病，因此非常自卑和内向。然而，在父亲的鼓励和支持下，他努力学习，考入维也纳大学医学专业，成为一名眼科医生。后来，他转向心理学研究，将自己的经历融入理论中，提出了"自卑情结"的概念。通过不断努力，他不仅克服了自身的自卑和内向，还成为心理学界的泰斗级人物。

凯丝·达莉是美国电影界和广播界的一流明星，但她小时候因为牙齿不好看而非常自卑。一次登台演出时，她因为担心观众看到自己的牙齿而表现不佳，甚至闹出了笑话。然而，在一位老人的鼓励下，她开始专注于自己的表演，不再在意牙齿的问题。最终，她凭借出色的才华和努力，成为电影界和广播界的明星。

深夜的芝加哥电视台走廊，蒂娜·菲攥着《周六夜现场》的剧本躲在洗手间隔间深呼吸。这位后来斩获29座艾美奖的喜剧女王，彼时正因当众说台词声音发抖被导演训斥"滚回图书馆当书呆子"。而她的破解之道，恰恰印证了现代心理学研究：害羞者拥有成为顶级社交者的基因优势——敏锐的感知力、深度思考能力与独特的情绪雷达。

蒂娜·菲在洛克菲勒中心顶楼对年轻创作者的忠告："不要强迫自己变成烟花，你要做的是在寂静宇宙中发光的脉冲星。"当世界开始理解"安静的影响力"时，害羞不再是缺陷，而是智性社交的加密勋章，但前提是你能与害羞共存，在进行社交活动时驯服这头"小怪兽"。

这些名人的故事告诉我们，害羞并不是成功的绊脚石，而是可以通过努力克服的心理障碍。通过积极的心态、持续的练习和外界的支持，害羞的人也可以在社交中找到自己的位置，甚至成为社交达人。

主动出击是成功破冰的第一步

TED演讲冠军西蒙·斯涅克在《无限游戏》中提出"社交被动等于将人生遥控器交给他人"，他揭示了一个残酷现实：在注意力经济时代，沉默不再是金，而是被算法淹没的沉没成本。现代神经科学研究显示，被动社交者的大脑前额叶皮层活跃度比主动者低37%，这直接导致其在资源分配中处于劣势。真正的高手，早已将社交主动力转化为精密算法。

麻省理工媒体实验室的"社交量子追踪"实验证明，主动发起一次深度对话，能在24小时内触发6.4倍的信息链式反应。斯坦福大学教授马克·格兰诺维特也研究发现，被动社交者80%的信息来自强关系圈（家人/朋友），而主动社交者57%的关键机会源于弱关系。当《原则》作者瑞·达利欧坚持每周约见2位跨行业陌生人，其决策模型的数据维度拓展了12倍。

《思考，快与慢》作者卡尼曼建议在与人交际时要采用"5秒突袭法则"：在社交场景产生连接欲的瞬间，5秒内必须采取行动（眼神接触/微笑/提问）。这能绕过大脑的过度防御机制，哥伦比亚大学实验证明该策略使破冰成功率提升173%。

宾夕法尼亚大学沃顿商学院的"权力动力学"研究显示：主动发起对话者会立即获得场景控制权，其话语权重自动提升41%。

苹果CEO蒂姆·库克在陌生酒会总是第一个走向人群中心，这个刻意动作会激活空间锚定效应。神经科学家证实，率先占据空间C位者，其睾酮素水平会飙升28%，产生天然领导气场。

红杉资本合伙人道格·莱昂内传授了其社交心法：提前准备3个独家行业洞察，在对话中作为"信息鱼饵"抛出。当对方开始追问时，你已经完成价值吸引的静默逆转。

社会学家格兰诺维特的弱关系理论在数字时代展现惊人威力：主动拓展的弱关系网络，其信息传播效率是强关系的18倍。

埃隆·马斯克正是通过主动联系3位航天局退休工程师才触达NASA核心技术团队。

《疯传》作者乔纳·伯杰的"社交期权模型"证明，每次主动社交都是购买他人注意力看涨期权。当YouTube创始人陈士骏主动联系第38位投资人时，对方5分钟的倾听最终转化为谷歌16.5亿美元收购。

《人类简史》作者赫拉利预言，在数字时代，社交主动性已成为新型生产资料。这不是要你变成派对动物，而是像顶级基金经理管理资产组合般经营人际关系。记住奥普拉·温弗瑞的忠告："坐在角落等不到属于你的聚光灯，你必须亲手接通电源。"当你能将每次主动出击都设计为可迭代的社交实验，那些曾令你恐惧的对话，终将变成收割认知红利的联合收割机。

以上这些数据和案例都说明，在社交中主动出击是非常重要的，因为它不仅能帮助你建立更广泛的人际关系，还能提升自信心和社交能力。

当然，在社交中主动出击不是盲目出击，仅仅主动就行，更不是盲目出击，而是有其章法的，以下是一些主动出击进社交的可行性建议：

首先，要主动与人打招呼。

在社交场合中，主动对他人微笑，并用眼神交流不仅是一种礼貌，更是一种有效打开局面的方式。微笑是一种非常有效的非语言信号，可以传递出友好和开放的态度。不要害怕主动与陌生人打招呼。简单地说"你好""很高兴认识你"或"你好，我是……"可以打破沉默，开启对话。

其次，要主动寻找共同话题。

在与人交流时，注意对方的穿着、配饰或周围的环境，寻找共同话题也是非常有必要的。例如，如果对方戴了一块运动手表，你可以问"你是不是很喜欢运动？"也可以主动分享自己的兴趣爱好，比如"我最近在看一本很有趣的书，叫……"或"我刚参加了一个很不错的活动，你有兴趣了解一下吗？"

还可以通过提问引导对方分享自己的故事，比如"你是怎么开始对……感兴趣的？"或"你最近有没有什么有趣的经历？"这样可以让对方感到被关注，同时也能找到更多共同点。

再次，也要主动参与活动。

不要害怕参加社交活动，如派对、行业会议或兴趣小组，这些场合为我们提供了结识新朋友和拓展人脉的机会。也不要害怕在这些活动中主动发言，即使你的观点不够成熟，也可以通过提问或分享自己的想法来参与讨论。

如果你觉得自己在社交中不够主动，可以尝试主动组织一些小型聚会或活动。这样不仅能让你更好地掌控局面，还能让你在社交中发挥主导作用。

第四，记得主动与他人建立联系。

在社交场合中，如果遇到感兴趣的人，不要害怕主动交换联系方式，比如电话号码、微信或邮箱。这可以让你在活动结束后继续保持联系。交换联系方式后，不要忘记主动跟进。可以通过发短信或邮件，感谢对方与你交流，或者提出进一步交流的想法。

如果发现与某人有共同兴趣，可以主动邀请对方参加活动或一起喝咖啡。例如，"我发现你也喜欢……，下次一起去……怎么样？"

第五，适时主动表达关心和帮助。

在社交中，我们要学会主动关心他人的感受和需求。例如，如果发现对方看起来有些疲惫，可以说"你看起来有点累，要不要休息一下？"

如果有机会，主动提供帮助也是一种建立良好社交的有效方法。比如，"我看到你正在找……，我可以帮你一起找。"这种主动关心和帮助的行为可以迅速拉近彼此的距离。主动与人交流是一种尊重他人的表现。它表明你重视对方的时间和机会，愿意主动建立联系，而不是让对方等待。主动出击可以传递出友好的信号，让对方感受到你的热情和善意。这种积极的互动方式更容易拉近彼此的距离。

乔布斯是商业和科技领域的传奇人物，他的成功不仅源于他对产品的极致追求，还与他在社交中展现出的主动性和高超的沟通技巧密切相关。以下是一些乔布斯主动社交的经典案例：

在苹果公司早期，乔布斯意识到需要一位经验丰富的营销专家来推动公司发展。他将目标锁定在百事可乐副总裁约翰·斯卡利身上。斯卡利当时在百事公司拥有极高的地位和丰厚的收入，因此招募他并非易事。

乔布斯首先邀请斯卡利参观苹果公司，展示公司的创新理念和未来潜力。随后，他多次与斯卡利会面，甚至亲自前往纽约，与斯卡利在中央公园散步，分享彼此对艺术和创新的热爱。在一次露台对话中，乔布斯抛出了著名的"改变世界"的问题："你是想卖一辈子糖水，还是想抓住机会来改变世界？"这句话深深打动了斯卡利，最终促使他加入苹果。

乔布斯年轻时曾在游戏公司雅达利工作，这段经历对他后来的职业生涯产生了深远影响。为了获得雅达利创始人诺兰·布什内尔的关注，乔布斯主动展示自己对技术的痴迷和对未来科技的思考。他不仅在工作中表现出色，还通过与布什内尔的交流，分享他对计算机未来的设想，最终获得了布什内尔的认可，并为苹果的早期发展奠定了基础。

乔布斯非常善于主动寻找导师和指导者。在苹果公司创业初期，他遇到了企业家马库拉。马库拉不仅投资苹果，还亲自撰写商业计划书，手把手教导乔布斯如何经营企业。乔布斯主动与马库拉建立联系，虚心学习，最终将马库拉的经验转化为苹果公司的成功。

乔布斯在与团队成员的互动中，也展现了极强的主动性和沟通技巧。他深知如何激励团队成员，让他们超越自我。例如，在Mac团队中，乔布斯会直接面对团队成员，用严厉但充满激情的方式推动他们完成任务。他还会通过公开承认团队成员的贡献，增强他们的归属感和成就感。

即使面对竞争对手，乔布斯也展现出主动沟通的能力。例如，当谷歌的拉里·佩奇拜访乔布斯时，乔布斯主动分享了自己对商业和产品的思考，甚至为谷歌的产品发展提出了建议。这种主动的交流不仅帮助他在商业上保持敏锐，也赢得了同行的尊重。

乔布斯的主动社交能力是他在商业领域取得成功的重要因素之一。他通过主动出击，不仅成功招募了顶尖人才，还与导师、团队成员和竞争对手建立了良好的关系。他的沟通技巧和主动精神为他赢得了无数机会，也为苹果公司的发展奠定了坚实基础。这些案例表明，主动社交不仅能帮助个人建立广泛的人脉，还能激发团队潜力，推动事业成功。

在社交中主动出击是一种积极的行为，它不仅能帮助你抓住机会、拓展人脉，还能提升自信心和社交能力。主动出击不仅是一种社交技巧，更是一种积极的生活态度。它可以帮助你打破被动局面，建立更广泛、更深入的人际关系，让你在社交中更加从容和自信。

奥普拉在自传《我坚信》一书中披露过她作为一个曾经的社交敏感者的社交秘诀：将内向者的敏感转化为洞察力。每次采访前她会提前三小时到场，观察嘉宾如何与助理互动；设计环形沙发消除"对峙感"；当迈克尔·杰克逊下意识抚摸水晶摆件时，她立刻将问题从"整容争议"转向"童年缺失的安全感"。《奥普拉秀》的数千期节目证明，内向敏感者甚至能成为更加优秀的社交达人。正如她接受金球奖终身成就奖时所言："我从未战胜内向，只是学会了让沉默成为对话的一部分。"

从口音浓重的南方女孩到拥有哈普娱乐集团的传媒巨头，奥普拉的蜕变打破了"社交达人必须外向"的偏见。她在斯坦福演讲中总结道："当你停止模仿他人，开始投资自己的独特性时，世界会主动调整频率来接收你的信号。"这种将敏感转化为共情、用观察替代表演的社交哲学，或许正是数字时代最稀缺的真实社交之道。

最后，作为社交敏感者的我们还一定要记住，克服社交敏感不是变成"厚脸皮"，而是在保持共情力的同时，建立情绪边界——你可以敏锐觉察他人感受，但不再让这些感受主宰你的选择。正如存在主义心理学家欧文·亚隆所说："自由意味着承担选择的责任，包括被他人讨厌的可能。"

不做社交自我主义者，打破社交困境

社交自我主义者是指在社交互动中过度关注自身需求、感受和利益，而忽视他人需求和感受的人。这类人在社交场合中往往表现出强烈的自我中心倾向，习惯性地将话题聚焦于自己，分享个人经历、成就或感受，却很少主动询问他人的想法和需求。他们倾向于主导对话，打断他人发言，甚至在他人分享时心不在焉，缺乏真正的倾听和理解。

社交自我主义者往往对他人的感受缺乏同理心，难以理解或关心他人的处境和情绪，更多地从自身角度出发看待问题。在社交关系中，他们可能因为过度索取关注而让他人感到疲惫或被忽视，导致人际关系紧张或疏远。这类人通常难以建立深度的情感连接，因为他们更关注自身的需求满足，而非与他人建立平等、互惠的关系。

社交敏感者固然会因其敏感、焦虑、害羞和不自信等特点导致社交失败,但与之相反的社交自我主义者也会因其过度自我的特性而导致陷入社交困境。想要改变,想要打破坚冰局面,可以从以下几个方面入手:

摆脱自我中心的思维,不要夸大事实,更不要夸耀自己

社交自我中心主义者往往在社交场合中过于以自我为中心,经常谈论自己,甚至夸大自己的成就,导致别人对他们有负面看法。根据社会交换理论,人际关系需要互惠性。单向的情感索取会打破平衡,触发对方的回避机制。自我中心者往往忽视对方的情绪承载阈值,将关系弄僵,这种现象也被称为"主角综合征"——个体将自己视为故事的核心,他人仅是背景角色,此类行为加剧"冷漠文化",削弱社会协作意愿。研究显示,过度自我中心者的人际信任评分比平均值低37%,合作意愿下降52%。

自我中心思维可能源于缺乏安全感,希望通过夸大自己来获得他人的认可。或者,可能没有意识到倾听的重要性,习惯了在对话中占据主导地位。

在社交中摆脱自我中心的思维、避免夸大事实和过度自我夸耀,本质上需要培养同理心、建立平等对话意识,并通过刻意练习调整表达方式。以下是一些已经被证明可行的建议:

首先，建立真诚的连接。

自我中心思维的局限：当一个人总是以自我为中心时，他往往只关注自己的需求和感受，而忽略了他人的想法和需求。这种单向的关注很难让对方感受到被尊重和重视，从而难以建立起真正的信任和亲密感。

真诚的重要性：真诚是人际关系的基石。不夸大事实、不夸耀自己，能够让人感受到你的真实和可靠。当人们感受到你的真诚时，会更愿意与你分享内心的想法和感受，从而建立起更深层次的情感连接。

其次，避免引起他人反感。

夸耀和夸大的负面影响：夸耀自己和夸大事实往往会给人留下不谦虚、不真诚的印象。这种行为可能会让他人感到不舒服，甚至产生反感。人们通常不喜欢与那些总是试图通过夸大自己来获得关注的人交往，因为这种行为显得自私且缺乏对他人的尊重。

尊重他人感受：在社交中，尊重他人是至关重要的。避免夸大和夸耀，体现了你对他人的尊重，也更容易赢得他人的尊重和好感。

再次，进行有效的沟通。

倾听的重要性：摆脱自我中心思维意味着能够更多地倾听他人的观点和想法。有效的沟通不仅仅是表达自己，更重要的是倾听他人。当你能够真正倾听他人时，对方也会更愿意倾听你，从而实现更顺畅、更有意义的交流。

避免误解和冲突：不夸大事实有助于避免误解和冲突。在社交中，真实的信息交流能够减少因不实信息导致的矛盾和误解，使沟通更加高效和顺畅。

第四，建立长期稳定的社交关系。

信任的积累：真诚和谦逊是积累信任的重要方式。当你不夸大、不夸耀时，他人会感受到你的可靠和真实，从而更愿意与你建立长期的友谊或合作关系。

人际关系的可持续性：长期稳定的人际关系需要双方的共同努力和相互尊重。避免自我中心和夸大行为，能够为这种关系提供坚实的基础，使其更加稳固和持久。

第五，注重提升个人魅力。

谦逊的魅力：谦逊是一种非常有吸引力的品质。一个谦逊的人往往更受人欢迎，因为他们不会让人感到威胁或不舒服。谦逊的人通常更愿意分享他人的成功，也更容易获得他人的支持和帮助。

内在价值的体现：真正的自信不是通过夸耀自己来体现的，而是通过自己的能力和行为来展现的。当一个人能够以谦逊的态度展示自己的价值时，会显得更有魅力和内涵。

第六，适应社会规则和文化。

社会期望：在大多数文化中，谦逊和真诚被视为重要的社会美德。人们通常期望他人能够遵守这些基本的社交规范，以维护和谐的社会关系。

团队合作：在团队环境中，避免自我中心和夸大行为尤为重要。一个能够倾听他人、尊重他人、不夸耀自己的人，更容易融入团队，成为团队中受欢迎的一员。

以下是商业谈判中因自我中心主义导致失败的知名案例：

- **意大利与中国某公司技术出售谈判**

意大利与中国某公司就某项技术出售进行谈判。谈判已持续一周，但进展缓慢。意方代表罗尼先生表示只剩下两天时间，希望中方配合拿出新的方案。次日，中方代表李先生提出比原要求稍有改善的方案，但意方认为降价幅度仍太大。罗尼先生表示已降了两次价，再降35%实在困难。双方互不相让，最终谈判陷入僵局。意方试图以机票为要挟，要求中方尽快接受条件，但中方认为仍有降价空间，最终未能达成一致。

此案例中，双方均表现出一定程度的自我中心主义。意方以时间压力和机票为要挟，试图迫使中方让步，而中方则坚持认为意方仍有降价空间，未能充分考虑对方的实际困难和底线。这种缺乏灵活性和对对方需求的忽视，导致谈判未能成功。

- **某冶金公司与美国公司设备采购谈判**

我国某冶金公司向美国购买一套先进的组合炉,中方工程师在谈判中凭借充分的市场调研和准备,成功将价格从150万美元压到80万美元。但在后续谈判中,美商报价230万美元,经过讨价还价降至130万美元时,中方工程师仍坚持出价100万美元。美商认为中方没有诚意,最终选择放弃谈判,导致谈判失败。

中方工程师在谈判中过于自信,坚持自己的出价底线,未能充分考虑对方的让步空间和实际成本,表现出明显的自我中心主义。这种过度坚持己方利益,忽视对方感受和需求的行为,最终导致谈判破裂。

- **百事可乐收购魁克公司的谈判**

在百事可乐收购魁克公司的谈判中,百事最初因出价过低未能达成一致。随后,可口可乐和法国达能集团也加入竞争,但最终因内部决策问题先后退出。百事可乐在谈判中表现出较强的自我中心主义,试图以较低价格完成收购,但未能充分考虑魁克公司的期望和市场价值,导致谈判初期陷入僵局。

百事可乐在谈判中过于关注自身利益,试图以较低成本完成收购,而忽视了魁克公司的期望和市场价值。这种自我中心主义的策略虽然最终成功,但在过程中引发了激烈竞争,增加了谈判的复杂性和风险。

虽然以上案例都是企业为主体,但无论何种组织,最终起决定作用的还是具体的人,这也都说明,过于坚持己方立场,忽视对方需求和底线,导致谈判陷入僵局。忽视对方感受和利益,可能损害双方关系,影响长期合作。过于自信或忽视市场实际情况,可能导致谈判破裂或引发竞争。如果在谈判中过于以自我为中心,最终的结果不仅会增加谈判的复杂性和风险,甚至还有可能导致双方关系破裂,最终合作失败。

总之,摆脱自我中心思维、不夸大事实和不夸耀自己,不仅有助于建立良好的人际关系,还能提升个人的社交能力和魅力。这种行为方式能够让人在社交中更加从容、自信,赢得他人的尊重和信任。当然还要注意避免可能的误区,比如过分压抑自己,导致无法表达真实想法,或者变得过于被动。因此,自我中心主义者既要减少自我中心,还要依旧保持适度的自我表达。

摆脱自我中心主义不等于压抑自我。真正健康的社交是"真实自我"与"共情能力"的平衡——既能坦然分享,又能敏锐感知他人需求。从"我要被看见"转向"我们一起看见彼此",人际关系会自然破冰,流动如水。

换位思考,习得共情能力

在社交中,站在对方的角度去理解他人,并习得共情的能力,是建立良好人际关系的重要技能。培养共情能力,本质是从"自我视角"切换到"他人视角"的系统训练。这不仅需要理解对方情绪，更要穿透表象感知其需求、动机与认知框架。共情是一种能力，也是一种态度。它需要我们在交流中放下自我中心的思维，真正关注对方的感受和需求。通过积极倾听、换位思考、表达理解和关心，以及尊重差异，我们可以更好地站在对方的角度去理解他人，从而建立更深厚、更真诚的人际关系。

以下是一些具体的方法和建议，能帮助你更好地培养共情能力：

首先，积极倾听。

倾听是共情的基础。很多人在交流时，往往只关注自己想说的话，而忽略了对方的表达。真正有效的倾听需要做到专注，在对方说话时，放下手机或其他干扰物，全神贯注地听对方讲话，不要打断。同时做到理解，不要急于做出评判或回应，而是先理解对方的观点和感受。还要有所反馈，通过点头、眼神交流或简短的回应（如"我明白你的意思"）来表明你在认真听。

在对方说完后，用你自己的话复述对方的观点，比如："你是说……对吗？"这样可以确保你真正理解了对方的意图。

其次，暂时放下自己的立场。

当我们与他人交流时，很容易从自己的角度出发去思考问题。但要真正理解对方，就需要暂时放下自己的立场，尝试从对方的角度看问题。比如想象自己处于对方的处境，你会有什么感受和想法？不要因为自己的经验或偏见而对对方的观点做出快速判断。

在对话中，提醒自己问："如果我是他/她，我会怎么想？"这样可以帮助你更好地理解对方的立场。

再次，观察非语言信号。

很多时候，人们的真实感受并不完全通过语言表达出来，非语言信号（如表情、肢体语言、语调等）也能传递重要的信息。比如可以通过表情来判断对方是否看起来紧张、焦虑或开心？看肢体语言推测对方的姿势是否放松，是否有眼神交流？听其语调来判断对方的声音是平静的，还是带有情绪的？

在交流时，注意观察对方的非语言信号，并尝试从中解读对方的情绪和意图。比如，如果对方说话时声音颤抖，可能是因为紧张或害怕。

第四，表达理解和关心。

当对方分享自己的感受或经历时，表达你的理解和关心是很重要的。比如"我能理解你为什么会感到这样。""这听起来真的很不容易。""我很高兴你愿意和我分享这些。"

即使你不能完全理解对方的感受，也可以表达你的关心，比如："我不知道你具体的感受，但我很在乎你。"

在适当的时候，分享自己的类似经历可以帮助对方感到被理解。比如："我也有过类似的经历，当时我……"但要注意不要让对话变成你自己的"独白"，而是要围绕对方的感受展开。分享时要简洁明了，重点放在对方的感受上，而不是自己的经历上。

第五，学会接受不同观点。

在社交中，我们经常会遇到与自己观点不同的人。学会接受这些差异，而不是试图改变对方，是共情的重要一环。比如，即使你不同意对方的观点，也可以尊重他们的想法。在不同的观点中，尝试找到双方都能认同的部分，能做到和而不同。

提醒自己"每个人都有自己的故事和背景"，这样可以帮助你更宽容地接受不同观点。

第六，关注情绪，而不仅仅是事实。

有时候，人们在交流时更关注自己的情绪，而不仅仅是事实本身。比如，一个人可能因为一件小事而感到生气或难过，但这背后可能隐藏着更深层次的情绪。在交流中，关注对方的情绪，而不仅仅是事情的表面。

当对方情绪激动时，不要急于解释或反驳，而是先关注对方的情绪，比如："我看到你很生气，能和我说说为什么吗？"

第七，建立信任和安全感。

共情的基础是信任和安全感。如果对方觉得你是一个值得信赖的人，他们更愿意与你分享内心的想法和感受。比如保持真诚，在交流中，真诚地表达自己的想法和感受。保守秘密，如果对方分享了隐私，要严格保密，不要随意传播。

在交流中，可以通过一些小动作来建立信任，比如微笑、保持眼神交流等。

以下是知名主持人奥普拉在社交中通过站在对方角度思考，成功习得共情能力的知名案例。这些案例展示了共情在改善人际关系、解决冲突和促进理解中的重要作用。

奥普拉共情技巧的具体案例：

- **案例一：公开童年创伤事件**

1986年，《奥普拉·温弗瑞脱口秀》开播后不久，她希望打破传统脱口秀的浮夸风格，通过真实故事与观众建立深度连接。奥普拉在节目中首次公开自己童年被家庭成员性侵的经历。她以平静但坚定的语气描述了自己9岁时遭受的侵害，以及后续的混乱生活。节目录制时，她未使用任何煽情音乐或夸张剪辑，仅通过直视镜头的眼神和克制的叙述传递情感。

节目播出后引发全美轰动，观众来信如潮水般涌入，许多人表示因她的坦诚而鼓起勇气面对自身创伤。这一事件奠定了《奥普拉秀》"真实共情"的基调，收视率飙升，奥普拉的个人形象从主持人升华为"公众心灵导师"。

- **案例二：与汤姆·克鲁斯的情感共鸣**

2005年5月23日，汤姆·克鲁斯因与凯蒂·赫尔姆斯的恋情及高调行为引发争议，需通过媒体重塑形象，所以他来参加奥普拉的节目录制。

在访谈中，克鲁斯谈到对赫尔姆斯的感情时情绪激动，突然跳上沙发挥舞手臂。奥普拉未打断或质疑，而是身体前倾、眼神专注，轻声问道："这种爱让你感觉像获得了新生吗？"随后，她以点头和微笑鼓励他继续表达。当克鲁斯想提"科学教派"争议时，奥普拉巧妙地转移话题："人们更想听你分享爱带来的改变。"

该期节目创下当年最高收视纪录，克鲁斯的"跳沙发"片段成为流行文化标志。观众认为奥普拉的共情让他卸下防备，展现了人性化的一面。

- **案例三：帮助蕾哈娜直面家暴经历**

2009年11月，蕾哈娜因遭前男友克里斯·布朗家暴事件陷入舆论旋涡，需公开回应。

奥普拉在访谈中未直接追问她暴力细节，而是从情感切入："当你决定原谅时，最害怕的是什么？"当蕾哈娜哽咽时，奥普拉递上纸巾并握住她的手，沉默数秒后说："你的勇气已经超越了伤害本身。"随后引导她谈论音乐创作如何成为疗愈途径。

节目播出后，蕾哈娜收到大量支持信件，公众焦点从八卦转向受害者心理重建。该访谈成为反家暴宣传的经典案例，奥普拉被赞"用共情改写叙事"。

奥普拉的采访表明，站在对方的角度思考问题并习得共情能力，不仅能帮助我们更好地理解他人，还能在社交中建立更深厚的情感连接，解决冲突，并促进个人和团队的成长。通过倾听、理解、尊重和表达关心，通过换位思考，我们可以让他人感受到被重视，从而赢得他们的信任和友谊，使社交关系从冰点到沸点。

不要总想得到他人关注，更不要渴求时时赞美

《自控力》一书中提到，人们常通过"奖励承诺"（如点赞、关注）寻求满足感，但过度依赖外部认可可能导致心理失衡。例如，一些人刻意营造"完美人设"，却因无法维持真实性而引发信任危机，另一些人频繁发布动态吸引关注，反而因内容质量低下被屏蔽或取关。这种对关注的过度渴望，本质是对自我价值的怀疑，最终反而导致在社交上失利。

渴望关注和赞美可能与自我价值感不足、寻求外部认可有关，背后可能涉及自我价值感的缺失、童年经历的影响、社交焦虑、文化背景、对成功的渴望等多种因素。虽然赞美可以带来短暂的满足感，但过度依赖赞美可能会导致心理上的脆弱和依赖性。因此，学会从内心认可自己，建立独立的自我价值感，是实现真正社交破冰的关键。

过度寻求关注是一种常见的心理现象，它可能源于多种原因，如低自尊、不安全感或童年经历等。然而，这种行为在社交、工作和人际关系中可能会带来一系列负面后果。以下是过度寻求关注可能带来的危害。

过度寻求关注与赞美会使人际关系受损。过度寻求关注的人往往会忽视他人的感受和需求，只关注自己的表现和需求。这种行为可能会让朋友感到被忽视或不被尊重，从而导致关系疏远。在工作环境中，过度寻求关注可能会被视为自私或缺乏团队合作精神。同事可能会对这种行为感到厌烦，甚至产生反感，影响团队合作和工作效率。在家庭中，过度寻求关注的行为可能会引发家庭成员之间的矛盾。其他家庭成员可能会感到不公平或被忽视，从而导致家庭关系紧张。

过度寻求关注的人往往将自己的价值建立在他人的评价上。如果得不到足够的关注，他们可能会感到自我价值的降低，甚至陷入自我怀疑。为了获得关注，可能会不断迎合他人，忽视自己的真实感受和需求。长此以往，可能会导致自我认知的扭曲，甚至迷失自我。

过度寻求关注的人往往会给自己设定过高的期望，担心自己无法达到他人的标准。如果得到赞美，可能会感到短暂的满足；如果没有得到关注，可能会陷入沮丧和失落。

以下是一些减少"渴求关注与赞美"的实用方法：

首先，转换社交焦点：从"被看见"到"去看见"。

每次社交前写下三个你想了解对方的问题（如"他最近在忙什么项目？""她提过的新爱好进展如何？"），对话时优先抛出这些问题。当发现自己想插话表现时，立刻改成复述对方观点："你刚说XX很重要，具体是指哪方面？"多去关注别人，赞美别人，将注意力转移到别人身上。

其次，设计"去中心化"行为实验，进行配角训练。

连续7天禁止在朋友圈发个人动态，改为评论他人动态并私信跟进（如"看到你去徒步，那条路线最难的部分在哪？"）。

在团体活动中主动承担幕后角色（会议记录、物资准备），观察他人反应并记录心态变化。

再次，接纳自己的不完美。

不要对自己过于苛刻，接纳自己的不完美，理解每个人都有优点和缺点。当你学会接纳自己的不完美时，也会更容易接纳他人的不完美。这种宽容能够改善你的人际关系，让你感受到更多的爱和支持。

把注意力放在如何改进和成长上，而不是纠结于他人的关注与评价上。接纳自己的不完美是一种自我接纳的表现，它能够增强我们的自信心，让我们不再依赖外界的评价来定义自己。当我们不再与自己的缺点作斗争时，内心会更加平和。这种平和能够帮助我们更好地应对工作和生活中的压力和挑战，与他人建立更加健康的社交关系。

- 苏明成"作妖"行为

苏明成是电视剧《都挺好》中的角色，他从小在母亲的"过度赞美"中长大。母亲总是无条件地夸赞他，让他觉得自己是家庭的中心，甚至认为自己无论做什么都是对的。这种成长环境导致苏明成成年后极度自私，缺乏同理心。他不仅在经济上依赖父母，还对家人表现出极端的利己主义，有利可图时才对妹妹亲近，无利可图时则表现出冷漠和无底线的一面。

苏明成的这种性格最终导致他在家庭和社会关系中都面临诸多问题。他不仅无法获得真正的尊重和理解，反而因为过度依赖赞美而变得脆弱和敏感，难以面对生活中的挫折和困难。

- 顾城的激流岛事件

顾城是中国朦胧诗派的重要代表，才华横溢，被称为"会走路的诗"。然而，他的生活却因过度追求自我关注和控制而走向了悲剧。

在1988年，顾城为了追求理想中的"伊甸园"，花费积蓄在新西兰激流岛买了一座房子，与妻子谢烨隐居于此。他希望在这个小岛上建立一个以自己为中心的世界，但这种极端的自我中心观念逐渐导致了悲剧的发生。

在岛上，顾城无法接受外界的喧嚣和复杂关系，甚至对妻子和儿子也施加了过多的控制。他要求谢烨辞职，全心全意照顾自己，甚至将儿子交给当地土著抚养。后来，顾城又将谢烨的大学舍友英儿接到岛上，形成了一个复杂的三人关系。这种以自我为中心的生活方式，最终导致了顾城精神崩溃，他在1993年10月8日杀妻后自杀，亲手铸成了震惊世界的激流岛惨案。

顾城的悲剧在于他过度追求自我关注和控制，试图让周围的一切都围绕自己旋转。然而，这种极端的自我中心不仅没有让他获得真正的幸福，反而导致了他与他人的关系破裂，最终走向了自我毁灭。

过度寻求关注可能会在短期内带来一些关注和满足感，但从长远来看，它会对人际关系、心理健康和个人成长产生严重的负面影响。为了避免这些危害，建议学会适度表达自己，同时关注他人的感受和需求，建立健康的自我价值感。通过内在的成长和自我认可，才能获得更持久的满足和幸福。

不要试图控制谈话对象，更不要企图掌控对话方向

社交自我中心者在与他人沟通时还有一大表现就是总是试图控制谈话对象，还企图掌控对话方向，让一切交流都按照自己的意愿进行，稍有偏差便会表现出令人不快的控制欲，最终有可能会导致谈话无法继续，双方关系陷入冰点。

在谈判中过度强调掌控对话方向，本质上是将沟通异化为权力争夺而非问题解决的过程。这种行为看似能获得短期优势，实则可能引发系统性风险。

据科学研究，当一方持续主导对话时，被压制方的大脑杏仁核会启动威胁识别模式，触发"战逃反应"。例如某并购案例中，收购方代表频繁打断对方陈述，导致被收购团队CEO心率飙升32%，谈判当场破裂。

神经科学研究显示，强势控制对话会使对方镜像神经元活跃度下降68%（斯坦福大学，2021），这意味着共情能力被抑制。某外交谈判中，美方代表通过议程控制压缩俄方发言时间，反而使对方在关键议题上更加强硬。

控制型谈判者常陷入"确认偏误"，只接收支持自身立场的信息。2008年雷曼兄弟破产前夜，高管层压制反对声音的谈判策略，直接导致对次贷危机严重性误判。

哈佛谈判项目实验表明，控制型谈判模式使解决方案多样性降低47%。当日本汽车厂商试图主导中美贸易谈判时，美方技术人员因参与感缺失，故意隐瞒关键电池技术参数。

每个可持续的谈判都建立在"心理契约"之上。某医疗设备采购案例显示，采购方通过议程控制压价5%，却导致供应商在售后服务环节减少30%资源投入，整体成本反而上升。被压制方可能采用"表面妥协暗中破坏"策略。某建筑项目承包谈判中，总包商强行规定施工流程，分包商则在混凝土配比上做手脚，最终引发质量纠纷。

当管理者通过对话控制推行决策时,员工执行意愿下降41%(MIT斯隆管理学院,2022)。某互联网公司CTO在技术路线辩论中压制异议,直接导致核心工程师集体离职。

研究显示,过度控制谈判的政治家,公众信任度年均下降9.7%。英国脱欧谈判中特蕾莎·梅的强硬姿态,反而加速了保守党内部分裂。

在东亚商务谈判中,对话控制常被视为冒犯。某德国车企代表在上海谈判时严格把控发言顺序,导致中方认为缺乏诚意,价值2.3亿欧元的合作项目流产。

人类学家霍尔提出,93%的谈判信息通过非语言渠道传递。当控制者过度关注语言主导权时,往往会错失对方的表情、手势等关键信号。某跨境并购案因美方代表忽视中东合作方的茶杯摆放暗示,误判对方接受度而损失定金。

在谈判或沟通中,避免试图控制谈话对象或企图掌控对话方向是一种更灵活、更有效的策略。以下是一些具体的方法,帮助你在谈判中保持开放、合作的姿态,同时避免过度控制带来的负面影响:

首先,要倾听对方的需求和观点。

倾听是建立有效沟通的基础,也是避免控制对方的关键。在对方发言时,保持专注,避免打断。通过点头、眼神交流等方式表达你在认真听。通过开放式问题引导对方分享更多信息,而不是直接表达自己的观点。例如，"您对这个方案有什么具体的想法？"或"您认为我们在合作中需要注意哪些问题？"

在对方说完后，用自己的话复述对方的观点，以确保理解正确。这种方式不仅能帮助你更好地理解对方，还能让对方感受到被尊重。

其次，建立合作而非对抗的氛围。

强调共同目标和双赢思维，而不是单方面的控制或胜利。在谈判开始时，明确双方的共同利益和目标。例如，"我们都希望达成一个互利的协议，让我们一起努力找到解决方案。"

通过真诚的态度和开放的沟通方式，让对方感受到你的合作诚意。避免使用威胁或强硬的语言，而是强调合作的重要性。始终强调双方都能从合作中获益，而不是一方的胜利。例如，"如果我们能找到一个双方都能接受的方案，这对我们的长期合作将非常有帮助。"

再次，灵活调整谈判策略。

根据对方的反馈和谈判进展灵活调整策略，而不是坚持预设的对话方向。在谈判过程中，密切关注对方的反应和反馈。如果对方对某个方案有抵触情绪，不要强行推进，而是尝试调整方案。

如果当前的对话方向无法达成一致，不要固执己见，而是尝试寻找其他可能的解决方案。例如，"如果这个方案无法达成一致，我们可以考虑其他方式来解决这个问题。"在谈判中，适时做出一些小让步，以换取对方的合作。让步并不意味着失败，而是一种策略，可以帮助打破僵局，推动谈判向前发展。

第四，尊重对方的立场和观点。

即使你不同意对方的观点，也要尊重他们的感受和立场。认识到每个人都有不同的背景和利益诉求，尊重这些差异。例如，"我明白您的立场，我们可以一起探讨一下如何解决这个问题。"

避免对对方的立场进行指责或贬低，这只会加剧对方的抵触情绪。相反，尝试理解对方的出发点。在讨论中，寻找双方的共同点，而不是仅仅关注分歧。例如，"我们都在努力达成一个公平的协议，让我们从这个共识出发，继续探讨。"

第五，使用合作性语言。

在谈判中，使用合作性语言，而不是命令或控制性的语言。在讨论中，多使用"我们"来强调合作，而不是"我"或"你"。例如，"我们认为这个方案可以这样改进……"避免使用"必须""一定"等绝对化的词汇，而是使用更灵活的表达。例如，"我们希望……"或"我们可以考虑……"

在谈判中，适时肯定对方的建议或观点，让对方感受到被尊重。例如，"您的这个想法很有价值，我们可以进一步探讨。"

以下是一则在谈判中互相尊重，互相成就的案例：

在一次国际商务谈判中，A公司与B公司就一项技术合作进行谈判。A公司代表在谈判开始时，花时间倾听B公司的需求和担忧，而不是急于表达自己的立场。

A公司代表强调双方的共同目标，即通过合作实现技术的商业化应用，并提出"让我们一起找到一个双赢的方案"。当B公司对某个条款提出异议时，A公司代表没有强行推进，而是提出替代方案，并表示愿意进一步讨论。A公司代表始终尊重B公司的观点，即使在有分歧时，也通过理解对方的出发点来寻求共识。

最终，双方通过合作和灵活调整，达成了一个双方都满意的协议。这次谈判的成功在于A公司代表避免了试图控制对方或对话方向，而是通过倾听、合作和灵活调整，找到了双赢的解决方案。

以下则是一个因试图控制谈话对象和强行掌握对话方向而导致谈判失败的案例：

中海油某公司希望从澳大利亚C公司引进先进的"地层测试仪"技术。C公司拥有世界领先的技术，但缺乏资金和市场；而中方则有广阔的市场和资金，但缺乏核心技术。双方在2000至2002年期间进行了多次谈判。

在谈判过程中，双方都试图控制对话方向，强调自身立场。中方立场是坚持"一口价"买断技术所有权，希望以较低成本获得技术。澳方立场是强调技术转让的条件，希望在技术合作中保留更多控制权和利益保障。

由于双方都试图控制谈判方向，不愿做出实质性让步，最终谈判无果而终。这次失败的谈判反映出双方在谈判策略上的缺陷——过于强调自身利益，而忽视了对方的需求和立场。

正如《谈判力》作者费希尔所言："真正的掌控不是让人闭嘴，而是让人愿意开口。" 有效谈判需要的是构建"安全对话容器"，而非单方面的语言压制。那些看似失去控制权的时刻，往往正是获取关键信息的黄金窗口。

在谈判中，避免试图控制谈话对象或对话方向，不仅能减少对方的抵触情绪，还能促进信息交流，增强合作意愿。通过倾听对方需求、建立合作氛围、灵活调整策略、尊重对方立场和保持开放心态，谈判者可以更有效地达成双赢的结果，同时维护良好的合作关系。

社交中，你一定要拥有"被讨厌的勇气"

无论是自卑过度的社交敏感者，还是自信过头的社交自我主义者，都会在社交场合中遇到"被讨厌"的时候，都会害怕被他人否定或排斥。这就需要我们明白多数负面评价只是他人主观感受的投射，与你的真实价值无关，没有人能在社交或谈判上无往不利，但每个人都需要在社交上拥有"被讨厌的勇气"。

勇气是练习的结果，就像肌肉需要锻炼，心理韧性也需要通过一次次"微小反抗"积累。但我们一定要记得，拥有"被讨厌的勇气"不是为了对抗世界，而是为了在复杂的社交关系中更从容地建立真诚的关系。

● **乔布斯不卑不亢地与微软谈判**

1997年，苹果公司面临严重的财务危机，急需资金支持。

乔布斯回归苹果后，决定与微软合作，但谈判过程中，微软提出了苛刻的条件，包括要求苹果在产品中捆绑微软软件等。

乔布斯在谈判中明确表示，苹果不会牺牲用户体验去迎合微软的要求。他坚持苹果的核心价值——用户体验至上。当微软提出不合理的技术限制时，乔布斯毫不退让，甚至直接指出这些要求对苹果的长期发展有害。他拒绝了微软的多次不合理提议，最终通过强硬的谈判态度，迫使微软做出了让步。

微软最终同意向苹果投资1.5亿美元，并在技术合作上做出了妥协。这次合作不仅帮助苹果渡过难关，还为苹果的复兴奠定了基础。

乔布斯展现了"被讨厌的勇气"，他敢于拒绝不合理条件，坚持自己的核心价值。这种勇气不仅赢得了谈判，还维护了苹果的品牌形象和长期利益。

- **雷军拒绝供应商不合理报价**

小米在发展初期，面临供应商的不合理报价。一家重要的零部件供应商提出大幅涨价，理由是原材料成本上升，但雷军认为这一涨幅不合理。

雷军在谈判中明确表示，小米无法接受如此高的涨幅，并指出供应商的报价缺乏合理性。

供应商试图以停止供货相威胁，但雷军毫不退缩，他指出，如果供应商坚持不合理报价，小米将寻找其他合作伙伴。雷军还强调，小米愿意与供应商建立长期合作关系，但前提是公平合理的定价。经过多轮谈判，供应商最终接受了小米的合理报价，双方继续保持合作。

雷军展现了"被讨厌的勇气"，他敢于拒绝供应商的不合理要求，坚持公平交易的原则。这种勇气不仅保护了小米的利益，也赢得了供应商的尊重。

- **马斯克与传统汽车制造商的谈判**

特斯拉在发展过程中，曾与传统汽车制造商进行技术合作谈判。一家传统汽车制造商提出，希望特斯拉分享其电动汽车的核心技术，以换取市场准入和资金支持。马斯克在谈判中明确拒绝了这一要求，他认为特斯拉的核心技术是公司的核心竞争力，不能轻易分享。

传统汽车制造商试图通过施压和诱惑，迫使特斯拉妥协，但马斯克坚持自己的立场。他强调，特斯拉愿意与其他公司合作，但合作必须建立在互利共赢的基础上，而不是单方面的技术出让。

最终，特斯拉与该传统汽车制造商达成了一个双方都能接受的合作方案，特斯拉保留了核心技术，同时也获得了市场准入和资金支持。

马斯克展现了"被讨厌的勇气"，他敢于拒绝不合理的要求，坚持自己的核心竞争力。这种勇气不仅保护了特斯拉的长远利益，也赢得了合作伙伴的尊重。

● **张一鸣拒绝广告商的不合理要求**

字节跳动在发展初期，广告商希望在抖音平台上投放大量低质量广告，以获取更多流量。张一鸣认为这会损害用户体验，拒绝了这一要求。张一鸣在与广告商的谈判中明确表示，抖音平台的用户体验是公司的核心价值，不能为了短期利益牺牲用户体验。

广告商试图通过增加投放量和提高广告费用来施压，但张一鸣坚持自己的原则，拒绝了不合理广告投放的要求。他强调，字节跳动愿意与广告商合作，但合作必须符合平台的用户利益和品牌形象。

最终，字节跳动与广告商达成了一个双方都能接受的合作方案，既保证了广告商的利益，也维护了用户体验。

张一鸣展现了"被讨厌的勇气"，他敢于拒绝广告商的不合理要求，坚持用户体验至上。这种勇气不仅保护了平台的长期利益，也赢得了用户的信任。

在商业谈判中，"被讨厌的勇气"是一种重要的品质。它体现为敢于坚持自己的立场、拒绝不合理要求，并在压力下保持原则和底线。这种勇气不仅能帮助谈判者赢得谈判，还能维护企业的核心价值和长期利益。通过上述案例，我们可以看到，真正的勇气并不是故意去惹人讨厌，而是在关键时刻敢于表达真实想法，坚持自己的选择。

当然，我们所说的拥有"被讨厌的勇气"是指敢于坚持立场，拒绝不合理的要求，而不是在与人沟通中表现得令人讨厌，一定要避免以下沟通行为：

不要对他人进行警察审讯式问话，轰炸到别人反感。
不要自我炫耀，避免成为别人眼中的"自大狂"。
沟通中要及时回应，不要不与对方进行眼神交流。
不要总是打断别人，进行令人厌烦的"我先说"。
切忌不懂装懂，成为令人厌恶的"无所不知先生"。
一定不要爹味太重，不要进行训话式沟通。

第二章

三招破冰，扭转社交不利局势

在社交中打破尴尬局面并不难,只要你学会这三招,在任何社交场合都能迅速破冰:学会说话,学会提问,学会倾听。

学会说话

为什么"会说话"非常重要,怎样才是"会说话"?

无数的事实证明,在人际交往中,会说话的人更容易与他人建立深厚的情感联系。例如,当朋友遇到困难时,用恰当、温暖的话语安慰他,像"我知道你现在很难过,但我相信你一定可以挺过去的,我一直都在你身边",这种话语能够拉近彼此的距离,让朋友感受到关心和支持。

而且,会说话还能避免不必要的误会和冲突。比如在团队合作中,如果成员之间沟通不畅,可能会因为误解而产生矛盾。如果能用清晰、委婉的方式表达自己的想法和意见,就能减少这种问题的发生。

在社交场合中,良好的口才可以帮助人们结识更多优秀的人。当参加行业聚会或者社交活动时,能够用幽默、得体的语言介绍自己,吸引他人的注意。比如一位创业者在活动中用精彩的演讲介绍自己的创业项目，可能会吸引到潜在的投资者或者合作伙伴。

人脉资源对于个人的职业发展、事业发展等都有着巨大的价值，良好的说话能力是拓展人脉的关键因素之一。

在职场中，无论是向上级汇报工作，还是和同事沟通协作，都需要良好的表达能力。例如，当向上级汇报项目进度时，能够用简洁明了的语言概括关键信息，如"目前项目已经完成了60%，预计在两周内可以完成剩余部分，但我们在资金方面遇到了一些问题，需要增加预算"，这样的表达能让上级快速了解情况并作出决策。在团队协作中，有效的沟通可以避免重复工作和误解，提高团队整体的工作效率。

会说话的人能够更好地展示自己的能力和价值。在会议中，能够清晰地阐述自己的观点和想法，让领导和同事认识到自己的专业素养。比如在产品设计讨论会上，一个设计师能够用生动的语言描述自己的设计理念，展示产品的优势和创新之处，就会给领导留下深刻的印象。

而且，在职场竞争中，良好的表达能力可以帮助个人脱颖而出，增加晋升的机会。说话是表达自我思想和情感的重要方式。通过清晰地表达自己的想法，人们可以更好地认识自己。例如，当一个人在日记中或者和朋友聊天时，把内心的困惑和想法说出来，这个过程可以帮助他梳理自己的思绪，更清楚地了解自己的需求和目标。同时，良好的表达能力也能够增强个人的自信心。当能够用流畅、准确的语言表达自己的观点时，会让人更加自信，觉得自己有能力去影响他人和改变环境。

总之，会说话是一种非常重要的能力，它在社交、职业和个人成长等多个方面都发挥着关键作用。

"会说话"通常包含多层含义，既可以是字面意义上的"具备语言表达能力"，也可以是更深层次的"善于有效沟通"。"会说话"是一个综合性的能力，它不仅仅是指语言表达的流畅性，更包括说话的内容、方式、时机、对象以及说话所达到的效果等多个方面。会说话能够清晰地传达自己的想法、观点或信息，避免模糊不清或让人误解。比如在工作汇报中，用简洁明了的语言说明问题的背景、现状和解决方案。

会说话的人所说的话对听众有帮助或启发，而不是空洞无物。比如在分享经验时，能够提供具体的案例或实用的建议。

会说话的人说话有逻辑性，观点能够自圆其说，论据充分。例如在辩论中，能够用合理的论证支持自己的观点。会说话能够达到预期的效果，比如说服对方、传递信息、建立关系等。例如在销售中，通过有效的沟通说服客户购买产品。会说话能够化解矛盾，而不是引发冲突。比如在争吵中，用平和的语气缓和气氛。会说话的人在不同场合，在正式场合（如会议、演讲）和非正式场合（如聚会、聊天）都能灵活调整说话方式。

会说话的人不仅会表达，还会倾听他人意见，这样才能更好地互动和沟通。

"会说话"是一种综合能力，它不仅仅是语言技巧，更是一种情商和智慧的体现。它要求说话者在内容、方式、对象、时机、效果等方面都能做到恰到好处，从而实现有效沟通、建立关系、传递信息等目标。

会说话如此重要，那么学会说话就更为重要，掌握会说话的技巧就是接下来本章唯一要做的事。

交谈时先释放出好感，别人才会喜欢你

著名心理学家丹尼尔·戈尔曼说："你让人舒服的程度，决定着你所能抵达的高度。"在人际交往中，先释放出好感是一种非常重要的社交策略，人与人之间的关系往往是基于相互吸引而建立的。当你先对别人释放好感时，这种积极的情感信号会让对方感受到你的善意和接纳，从而更容易对你产生好感。心理学中的"互惠原则"表明，人们倾向于回报他人给予的好感和善意。如果你先表现出对对方的喜爱和欣赏，对方往往会以同样的方式回应你。

在初次交往中，人们往往会有一定的防备心理，担心被误解或被伤害。当你主动释放好感时，实际上是在向对方传递一种安全信号——你是一个友好、值得信任的人。这种信号可以有效降低对方的防备心理，使对方更愿意敞开心扉，与你建立更深入的交流。

每个人都渴望被关注、被欣赏和被接纳。当你主动释放好感时，实际上是在满足对方的情感需求。这种被关注和被欣赏的感觉会让对方感到愉悦和满足，从而对你产生好感。例如，当你真诚地赞美对方的优点或成就时，对方会感受到你的认可，进而对你产生好感。

当你对别人释放好感时，对方往往会受到感染，从而激发他们的积极回应。这种积极的互动会形成一种良性循环，使双方的关系不断升温。例如，当你主动关心对方的生活时，对方也会更愿意关心你；当你对对方的分享表现出兴趣时，对方也会更愿意倾听你的故事。

在交际中，误解和冲突往往源于缺乏理解和信任。当你先释放好感时，你实际上是在为双方的交流创造一个积极的开端。这种积极的情感基础可以减少误解的发生，即使在交流中出现分歧，也更容易通过友好和理性的沟通来解决问题。

总之，先释放好感是一种非常有效的社交策略。它不仅能降低对方的防备心理，营造轻松愉快的氛围，还能满足对方的情感需求，建立信任，激发积极的互动。这种好感的传递是建立良好人际关系的重要基础，也是让他人喜欢你的关键。

释放好感其实并不难，只要你能做到：

保持微笑，无论是在初次见面、打招呼，还是在交谈中，保持微笑都能让对方感到舒适和愉悦。

倾听也是表达好感的重要方式。当你认真倾听对方说话时，对方会感受到你的尊重和关注，从而对你产生好感。在对方说话时，保持眼神接触，点头回应，避免打断对方，用肢体语言（如微笑、点头）表示你在认真听。

展现开放姿态，通过肢体语言（如微笑、点头、保持眼神接触）和语言表达（如主动分享、开放性提问），可以让对方感受到你的友好。

分享自己的经历、故事或有趣的见闻，也可以增加互动性和趣味性，让对方感受到你的热情和友好。

尊重对方的观点，即使你不同意对方的观点，也要尊重他们的看法。通过倾听、理解并表达尊重，可以让对方感受到你的包容和友好。

展现幽默感，幽默感可以缓解紧张的气氛，让对方感受到你的轻松和友好。适当的幽默可以拉近彼此的距离，增加好感。

总之，释放好感是一种双向的情感传递，通过微笑、倾听、赞美、关心、开放姿态、分享、尊重、幽默、帮助和保持积极态度等方式，你可以有效地向他人传递友好和善意。这些方法不仅能帮助你建立良好的人际关系，还能让对方感受到你的真诚和温暖，从而更容易对你产生好感。

见面主动打招呼，记得加上对方的称呼

在社交中，见面时主动打招呼并加上对方的称呼，是一种非常重要的礼仪行为，它不仅能传递出友好和尊重，还能有效拉近彼此的距离，为良好的人际关系奠定基础。

主动打招呼是一种积极的社交信号，它表明你对对方的关注和重视。这种行为可以打破沉默，营造轻松的氛围，让对方感受到你的友好和热情。尤其是在初次见面或久未联系的情况下，主动打招呼可以缓解尴尬，开启一段愉快的交流。

称呼是人际交往中的重要细节，它不仅能体现礼貌和尊重，还能让对方感受到被重视。使用对方的称呼（如名字、昵称或尊称）可以拉近彼此的距离，使对方感到亲切和舒适。当然称呼的选择也很重要，它需要根据场合和关系的亲疏来决定。

正式场合使用姓氏加尊称，如"张总""李教授""王老师"等，体现尊重和正式感。半正式场合可以根据对方的职务或身份称呼，如"张经理""李主任"等。非正式场合可以直接使用名字或昵称,如"小明""小红""阿强"等,显得亲切自然。

那么我们如何做到主动打招呼并加上称呼呢?其实这也是需要准备的,在见面之前,尽量提前了解对方的姓名和称呼方式。如果是初次见面,可以通过介绍人或提前沟通的方式了解对方的姓名。如果是老朋友或熟人,回忆上次见面时的称呼方式,避免叫错名字。

在打招呼时,保持微笑和眼神接触,这是传递友好和热情的重要方式。微笑可以缓解紧张,眼神接触则表明你在认真对待对方。打招呼时,清晰地叫出对方的名字或称呼,语气要自然、友好。例如"张总,您好!""小李,好久不见!"

当然也有一些事项需要注意,比如避免叫错名字,如果不确定对方的名字或称呼,可以礼貌地询问:"您好,我还不太熟悉您的名字,怎么称呼您?"避免过于随意,在正式场合,不要使用过于随意或不恰当的称呼,以免给人不尊重的印象。打招呼时也不要过于做作或紧张,保持自然、轻松的态度,让对方感受到你的真诚。

见面时主动打招呼并加上对方的称呼,是一种简单而有效的社交礼仪。它不仅能传递出友好和尊重,还能拉近彼此的距离,为良好的交流奠定基础。通过提前准备、保持微笑、清晰称呼和简单问候,你可以让对方感受到你的热情和诚意。记住，称呼是人际交往中的重要细节，它体现了你的修养和对对方的重视。

懂得赞美对方，真心夸奖他人

托尔斯泰："最好、最友善、最单纯的人际关系，就是学会称赞和肯定别人。"在社交中，懂得赞美对方是一种非常重要的能力。真诚的赞美不仅能传递出好感，还能让对方感受到被尊重和欣赏，从而拉近彼此的距离，建立更和谐的人际关系。

赞美是一种积极的情感表达，它能够满足对方的情感需求，提升对方的自信心和幸福感。同时，真诚的赞美也能让对方感受到你的善意和友好，从而对你产生好感。心理学中的"互惠原则"表明，当人们感受到他人的好意时，往往会以同样的方式回报对方。因此，赞美不仅能让你赢得他人的好感，还能促进更深入的交流和互动。

真诚是赞美的核心，只有发自内心地赞美，才能让对方感受到你的诚意。虚假的赞美往往容易被识破，反而会让人感到不舒服或被冒犯。因此，赞美时要确保自己是真心实意的，避免为了赞美而赞美。

赞美要具体、有针对性，而不是泛泛而谈。通过观察对方的外貌、穿着、言谈举止或成就，找到值得赞美的细节。例如:"你的发型很适合你,显得很有气质。""你今天的演讲非常精彩,逻辑清晰,我很受启发。""你处理问题的方式很成熟,我很佩服。"

除了赞美结果,更要赞美对方的努力和付出。这种赞美不仅能体现你的观察力,还能让对方感受到你对他们的尊重。例如:"我知道你为了这个项目付出了很多心血,真的很不容易。""你为了这次比赛准备了很久,我看到了你的努力和坚持。"

赞美一个人的内在品质,如善良、耐心、责任心等,往往比赞美外貌或成就更能打动人心。这种赞美能让对方感受到你对他们的全面认可。例如:"你总是这么耐心地帮助别人,真的很温暖。""我很欣赏你的责任心,无论多难的事情,你都能认真对待。"

赞美要把握合适的时机,这样才能产生最大的效果。例如,在对方完成一项任务后、遇到困难时或情绪低落时,及时给予赞美和鼓励,会让对方感受到你的关心和支持。例如:"我知道这段时间你压力很大,但你真的做得很好。""你刚刚的表现太棒了,我为你感到骄傲!"

赞美要适度,避免过于夸张或频繁。过度的赞美可能会让对方感到不自然或怀疑你的诚意。因此,赞美要恰到好处,保持自然和真诚。

懂得赞美他人是一种非常重要的社交能力。通过观察细节、赞美努力、赞美品质、把握时机和适度赞美，你可以让对方感受到你的真诚和友好。记住，赞美不仅能提升对方的自信心和幸福感，还能拉近彼此的距离，建立更和谐的人际关系。

不要把闲谈当成闲扯，让无用之言发挥作用

在社交中，闲谈是一种常见的交流方式，但它绝不仅仅是随意的闲扯。相反，闲谈是一种需要技巧的交流形式，通过抓住对方感兴趣的话题，可以有效拉近彼此的距离，增进了解，甚至为深入的友谊或合作奠定基础。

闲谈要自然流畅，避免过于刻意或生硬。如果某个话题无法继续，不要勉强，可以自然地转换到其他内容。虽然闲谈很重要，但也要注意不要过度。如果对方表现出希望深入交流的意愿，要及时调整交流方式，避免让对方感到无聊或不耐烦。

闲谈在沟通中起着重要的作用，它不仅能打破沉默、建立联系，还能展示友好、增进了解和建立信任。通过选择合适的话题、倾听和回应、保持轻松自然、适时转换话题、展示真诚和关心以及利用闲谈建立信任，你可以让闲谈在沟通中发挥积极作用。记住，闲谈不是无关紧要的"废话"，而是人际交往中不可或缺的一部分。

闲谈不是随意的闲扯，而是一种需要技巧的交流方式。通过倾听、观察、提问引导、关注热点话题、分享自己的兴趣以及尊重对方的反应，你可以抓住对方感兴趣的话题，让闲谈变得有意义、有深度。记住，闲谈的目的是建立联系，增进了解，而不是单纯地打发时间。

闲谈在沟通中扮演着重要的角色，它不仅是打破沉默、缓解紧张气氛的工具，还能帮助建立人际关系、增进了解和信任。然而，很多人对闲谈存在误解，认为它只是无关紧要的"废话"。实际上，闲谈如果运用得当，可以成为沟通中的有力武器。

在初次见面或陌生场合中，闲谈可以帮助缓解尴尬，打破沉默，为深入交流创造机会。通过闲谈，你可以找到与对方的共同点，拉近彼此的距离，为后续的深入交流奠定基础。

闲谈是一种友好的社交行为，它传递出你对对方的关注和尊重，有助于营造轻松愉快的氛围。

通过闲谈，你可以了解对方的兴趣、价值观和生活方式，从而更好地调整自己的交流方式。在轻松的闲谈中，人们更容易放下防备，从而为建立信任关系创造条件。

闲谈不仅仅是说话，更重要的是倾听和回应。通过倾听对方的回答，你可以找到更多的话题切入点，同时也能让对方感受到你的关注和尊重。

当然闲谈也不是随意而为，也有一定的章法和技巧。比如在闲谈时要保持眼神接触，点头回应，避免打断对方。根据对方的回答，给予积极的反馈，比如"哇，听起来很有趣！"或"我也有类似的经历……"。

如果对方对某个话题表现出兴趣，可以通过提问引导对方分享更多，比如"你是怎么开始对这个感兴趣的？"或"你最喜欢的部分是什么？"

如果发现对方对某个话题不感兴趣，不要强行继续。适时转换话题可以避免尴尬，同时找到更适合的方向。通过一个自然的过渡句，比如"说到这个，我最近也遇到了……"，引入下一个话题。

总之，闲谈并不是浪费时间，而是人际交往中的重要润滑剂。它可以帮助打破沉默，缓解紧张气氛，建立初步的联系。通过闲谈，你可以了解对方的兴趣、价值观和生活方式，从而为进一步的交流创造机会。

不要总是"我我我"，要与对方成为"我们"

在沟通中过度使用"我"（比如频繁说"我觉得""我认为""我的需求"），本质上是将对话焦点集中在自我身上，容易让他人感到被忽视、不被尊重，甚至引发心理防御。

当一个人不断强调"我"时，对方潜意识会认为："你只关心自己，不在乎我的感受"，从而关闭共情通道。少说"我"

的本质，是将对话从"自我独白"升级为"关系共建"。真正的高效沟通者，懂得用"你"打开对方的心，用"我们"凝聚共同目标，而"我"只需在关键时刻画龙点睛。

良好的社交交流应该是双向的、平衡的。双方轮流分享自己的观点、经历，同时倾听对方的想法。如果一个人一直说"我我我"，就会打破这种平衡，使交流变成单向的倾诉，而不是真正的互动。这会让对方感到被忽视，觉得自己的参与度不够，从而降低交流的积极性和质量。

从心理学角度来看，人们通常不喜欢与过于自我中心的人交往。当一个人总是说"我我我"，容易让他人产生一种被压迫、被忽视的感觉，从而引起反感。这种反感会直接影响到人际关系的和谐与融洽，使你在社交场合中不受欢迎。

同理心是社交中非常重要的一种能力，它意味着能够站在他人的角度去理解和感受。而总是说"我我我"往往反映出一个人缺乏同理心，没有意识到他人的感受和需求。这种缺乏同理心的表现会让他人觉得你难以相处，从而影响你在社交中的形象和人际关系。

在社交中不要总是说"我我我"，这是出于对他人感受的尊重，也是为了建立良好的交流关系和深度连接。

在社交场合中，如果一个人总是以"我"为中心讲述自己的事情，而忽视他人的感受和需求，可能会让对方感到被忽视或不被尊重。例如，在一次聚餐中，小李一直滔滔不绝地讲述自己的工作成就和生活趣事，完全不给其他人发言的机会。这种行为让其他朋友感到不被重视，甚至觉得小李过于自我中心。

在工作场景中，过度强调"我"的行为也可能对团队合作产生负面影响。比如，在一个项目讨论会上，小张总是强调自己的想法和贡献，而对其他同事的建议不屑一顾，甚至打断别人发言。这种行为不仅让团队成员感到不愉快，还可能影响团队的协作效率和凝聚力。

过度使用"我我我"可能会让他人觉得你过于关注自己，缺乏对他人感受的考虑。例如，小王在与朋友聊天时，总是把话题引向自己，从不关心朋友的感受或需求。久而久之，朋友们会觉得小王是一个自私的人，从而对他产生反感。

社交的本质是双向交流，而过度强调"我"会阻碍这种交流的深度。例如，小赵在与新朋友见面时，总是急于讲述自己的经历和观点，却很少倾听对方的想法。这种行为让对方感到交流缺乏互动性，难以建立起真正的信任和共鸣。

过度使用"我我我"在社交中可能会带来诸多负面效果，包括影响人际关系、破坏团队合作、引发他人反感等。因此，在社交中保持适度的自我表达，同时关注他人的感受和需求，是非常重要的。

不要说"我也是",不要抢别人的话题

"我也是"这种表达方式在社交交流中可能会招人烦,主要是因为它给人一种缺乏关注、抢话题、自我中心和缺乏深度的印象。相比之下,更有效的交流方式是通过倾听、提问、分享感受和表达理解来深入对方的话题,让对方感受到你的关注和真诚。记住,良好的交流不仅仅是表达自己,更是关注和理解对方。

在社交交流中,频繁使用"我也是"可能会让对方感到不悦,甚至招人烦。当一个人频繁使用"我也是"时,往往是在急于将话题引向自己,而不是真正关注对方的分享。这种行为可能会让对方感到自己的经历和感受没有被重视,只是被当作引出对方自己故事的工具。

"我也是"这种表达方式很容易被理解为一种抢话题的行为,尤其是在对方还在分享细节或情感时。这种行为可能会让对方觉得你没有耐心听完他们的故事,而是急于插入自己的内容。

频繁使用"我也是"往往是一种表面化的回应,缺乏对对方话题的深入理解和共鸣。这种回应方式无法让对方感受到你对他们的关心,也无法推动话题的深入发展。频繁使用"我也是"可能会让对方觉得你比较自我中心,更关注自己

的经历和感受，而不是对方的分享。这种印象可能会让对方觉得不舒服，甚至产生反感。

在社交交流中，倾听和回应是非常重要的技巧。而"我也是"这种表达方式往往缺乏对对方话题的深入回应，显得比较生硬和机械。相比之下，更有效的回应方式是通过提问、分享感受或表达理解来深入对方的话题。

从心理学角度看，人们在交流中往往希望感受到被关注和理解。而"我也是"这种表达方式可能会让对方觉得你只是在模仿他们的感受，而不是真正理解他们的经历。这种"镜像效应"可能会让对方觉得缺乏深度和真诚。

"我也是"这种表达方式在社交交流中可能会招人烦，主要是因为它给人一种缺乏关注、抢话题、自我中心和缺乏深度的印象。相比之下，更有效的交流方式是通过倾听、提问、分享感受和表达理解来深入对方的话题，让对方感受到你的关注和真诚。在社交交流中，避免频繁使用"我也是"或抢别人的话题，是一种重要的沟通礼仪。这种习惯不仅能让对方感受到尊重，还能让交流更加顺畅和愉快。记住，良好的交流不仅仅是表达自己，更是关注和理解对方。

懂得何时开口何时闭嘴，才是破冰达人

在社交中，把握对话节奏的能力比内容本身更重要。在沟通中，懂得何时开口、何时闭嘴是一种非常重要的技能。这不仅关乎交流的顺畅性，还影响到人际关系的质量。

当对方完成一段分享或表达观点后，是合适的开口时机。此时，你可以通过回应对方的话来表达你的关注和理解。

如果对方直接向你提问，这是明确的开口信号。你可以直接回答问题，但要注意回答的简洁性和相关性。如果对方表示希望听到你的想法或经历，这也是合适的开口时机。此时，你可以分享自己的观点或经历，但要避免抢话题。

如果你对对方的话有疑问，或者需要澄清某些信息，这也是开口的合适时机。此时，你可以通过提问或确认来避免误解。

当对方正在讲述自己的经历、感受或观点时，是闭嘴的时机。此时，你应该认真倾听，通过点头、微笑、眼神接触等方式表达你在认真听，而不是急于插话。如果对方在说话时停顿，或者看起来在思考，这是闭嘴的信号。此时，不要急于补充或打断，给对方足够的时间来组织语言。

如果对方看起来情绪低落、紧张或敏感，此时闭嘴并给予对方支持是更好的选择。你可以通过肢体语言（如轻轻拍肩）或简单的安慰（如"我在这里"）来表达你的关心。如果对方在交流中表现出需要空间的信号（如回避眼神、身体后倾），这是闭嘴的信号。此时，不要过于追问或继续话题，给对方一些空间。

在任何交流中，倾听都比说话更重要。通过倾听，你可以更好地理解对方的需求和感受，从而选择合适的时机开口。每个人在交流中的节奏不同。有些人喜欢快速交流，有些人则需要时间思考。尊重对方的节奏，不要急于开口或闭嘴。

开口和闭嘴的时机需要练习和自我控制。在交流中，时刻提醒自己不要急于表达，而是先倾听和观察。随着时间的推移，你会越来越擅长把握合适的时机。

在沟通中一定要注重倾听，通过倾听、观察对方的反应、尊重对方的节奏和练习自我控制，你可以更好地把握交流的节奏，不仅不会惹人反感，还会让交流更加顺畅、愉快。

总之，懂得何时开口、何时闭嘴是一种重要的社交技能。通过倾听、观察对方的反应、尊重对方的节奏、学会提问和练习自我控制，你可以更好地把握交流的节奏，让交流更加顺畅、愉快。记住，良好的交流不仅仅是表达自己，更是倾听和理解对方。事实上，真正的对话掌控者，往往是说得最少但听得最准的人。

有理也要让三分，别"赢"了争辩，"输"了人脉

"有理也要让三分"是一种智慧的处世哲学，尤其在人际交往和沟通中，这种态度能帮助我们避免不必要的冲突，维护良好的人际关系。

在争辩中，即使你占据了道理上的优势，对方也可能因为情绪、自尊或其他因素而拒绝接受你的观点。这种情况下，争辩往往会陷入僵局，甚至升级为争吵，最终导致双方都不愉快，关系受损。

在人际交往中，维护良好的关系往往比赢得一场争辩更重要。即使你有理，但对方因为争辩而感到被冒犯或不被尊重，可能会对你的印象大打折扣，甚至断绝往来。相比之下，适当的让步可以赢得对方的尊重和好感，维护甚至加深彼此的关系。

在争辩中，即使你有理，但过于强硬或咄咄逼人的态度可能会让旁观者觉得你缺乏风度或修养。相反，适当的让步和包容可以展示你的大度和成熟，提升你在他人眼中的形象。

在某些情况下，争辩可能会引发更严重的问题，比如工作中的冲突、家庭中的矛盾，甚至法律纠纷。适当的让步可以避免问题的进一步恶化，将矛盾化解在萌芽状态。

在争辩中，情绪往往会占据上风，导致我们失去理智。因此，保持冷静是避免争辩升级的关键。当你发现自己情绪激动时，深呼吸，给自己几秒钟冷静下来，然后再决定是否继续争辩。

即使你不同意对方的观点，也要尊重他们的表达。通过倾听和理解对方的想法，你可以找到共同点，而不是一味地反驳。例如你可以用"我理解你的想法，但我有不同的观点……"这样的表达方式，而不是直接否定对方。

在争辩中，适时地让步是一种智慧。你可以选择一些不那么重要的问题上让步，以换取对方的尊重和理解。假如对方说："我觉得这个方案应该这样……"你可以回应："你说得有道理，我们可以考虑一下你的建议，同时也可以看看其他方案。"

在争辩中，尽量寻找双方的共识，而不是一味地强调自己的观点。通过找到共同点，你可以缓和气氛，避免冲突升级。奥哈尔是一名汽车销售员，他在销售过程中一直以"说服客户"为目标，认为只要自己说得足够有道理，就能让客户购买汽车。他总是试图通过逻辑和数据来证明自己的观点，甚至不惜与客户争辩。然而，这种方法并没有让他取得理想的销售业绩，反而让他失去了很多潜在客户。

有一次，一位客户来到展厅，对一款汽车的油耗表示怀疑。客户说："我听说这款车的油耗很高，每百公里要消耗10升油，这太不经济了。"奥哈尔立即反驳道："不对，这款车的油耗其实很低，根据我们的测试，每百公里只有6升左右。您可能被误导了。"客户听后很不高兴，反驳道："我朋友就是开这款车的，他告诉我油耗很高，你肯定是在骗我。"奥哈尔不甘心，继续争辩："我们有官方数据，您的朋友可能是驾驶习惯不好,才会导致油耗偏高。"客户被奥哈尔的态度激怒,直接转身离开了展厅。

这次经历让奥哈尔意识到,他的争辩不仅没有说服客户,反而让客户感到被冒犯,最终失去了这笔生意。

在一次销售培训中,奥哈尔学习到了一个重要的理念:"客户永远是对的。"培训师告诉他,销售的本质是建立信任和关系,而不是通过争辩来证明自己正确。奥哈尔开始反思自己的销售方式,意识到自己过去过于关注"说服客户",而忽略了客户的感受和需求。

奥哈尔决定改变自己的销售方式。他不再试图通过争辩来证明自己是对的,而是开始倾听客户的观点,尊重他们的感受,并在合适的时候引导客户了解产品的优点。

有一次,又有一位客户对汽车的油耗提出疑问,奥哈尔没有立即反驳,而是微笑着说:"您说得有道理,油耗确实是很多客户关心的问题。我们这款车在设计时特别注重燃油经济性,通过一些先进的技术,比如涡轮增压和智能启停系统,大大降低了油耗。如果您有兴趣,我可以给您详细介绍一下。"客户听后没有表现出反感,反而对这些技术产生了兴趣,最终在奥哈尔的引导下,购买了这款车。

奥哈尔的销售业绩有了显著提升。他不再与客户争辩,而是通过倾听、尊重和引导,赢得了客户的信任。他发现,客户更愿意与一个理解他们需求、尊重他们意见的销售员合作，而不是一个总是试图证明自己正确的人。

奥哈尔的转变让他成为一名优秀的汽车销售员，他的故事也成为销售领域乃至社交破冰的一个经典案例，提醒着每一个人：赢得争辩可能让你在逻辑上获胜，但赢得他人的心，才是真正的赢家。

请把自己想成"主持人"，而不是特邀嘉宾

我们都知道主持人和嘉宾在对话中的角色有很大的差异。主持人通常负责引导话题，确保对话流畅，而嘉宾则是更多地表达自己的观点。主持人在对话中会主动提问、调节气氛、关注参与者的反应，而嘉宾则更侧重于表达自己。比如在工作会议中，作为主持人可以确保每个人发言，而在社交场合，主动引导话题可以让对方感到被重视。

好的主持人能灵活应变，平衡引导与倾听，而不是一味地自我表达，自说自话，这也正是我们在社交破冰中最需要的一项沟通技能。

所以"把自己想成主持人，而不是嘉宾"，是一种非常智慧的沟通理念。它强调在对话中主动引导交流方向，关注对方的感受和需求，而不是仅仅关注自己要表达的内容。这种理念能帮助我们更好地掌控交流节奏，提升沟通效果，同时

也能赢得他人的尊重和好感。

主持人在节目中不仅要表达自己的观点，更要关注整个节目的氛围和节奏。他们需要引导话题，确保交流顺畅，避免冷场或冲突。在日常对话中，如果把自己当作主持人，你会更关注对方的情绪和反应，而不是仅仅沉浸在自己的表达中。

优秀的主持人总是善于倾听嘉宾的观点，并通过提问、引导和总结来推动话题的深入。在对话中，如果你把自己当作主持人，就会更自然地倾听对方的想法，引导对方分享更多内容，而不是急于表达自己的观点。

主持人可以根据节目的需要，适时调整话题的节奏和方向。在对话中，如果你把自己当作主持人，就能更好地掌控交流的节奏，避免话题跑偏或陷入僵局。那么在对话中，如何将自己"变成"主持人呢？

首先，可以尝试去引导话题。

在对话中，主动引导话题的方向，而不是被动地等待对方提问或回应。你可以通过提问、分享有趣的内容或引入新的观点来推动交流。

其次，多去倾听对方。

把注意力放在对方身上，认真倾听他们的观点和感受。通过点头、微笑和眼神接触来表达你在认真听。同时，用简短地回应（如"嗯""我理解"）来鼓励对方继续分享。

再次，注意尊重对方的意见。

即使你不同意对方的观点，也要尊重他们的感受，避免直接反驳。你可以通过表达理解或分享不同观点的方式来引导对方思考。

第四，努力调整交流的节奏。

根据对方的反应和情绪，适时调整交流的节奏。如果对方看起来有些疲惫或不耐烦，可以适时转换话题或结束对话。

把自己想成主持人，而不是嘉宾，是一种非常有效的沟通策略。通过引导话题、倾听对方、适时总结、尊重意见和调整交流节奏，你可以更好地掌控对话的方向，提升沟通效果，同时也能赢得他人的尊重和好感。记住，优秀的沟通者不仅仅是表达自己，更是引导和倾听他人。

在与他人对话时将自己想象成主持人而非嘉宾，这种思维的转变可以帮助你更主动地掌控对话节奏、提升沟通效果。当然，切记，主持人思维不等于全程掌控，而是要平衡引导与倾听。过度主导会显得强势，适度留白才能让对话如水自然流动，成功破冰。

说话的十大原则

说话是一门艺术，也是一门需要技巧的沟通方式。以下是说话的十大原则，这些原则可以帮助你更有效地表达自己的想法，同时也能更好地与他人建立良好的沟通和理解。

原则一：清晰明确

定义：表达时要清晰、简洁，避免模糊不清或冗长复杂的句子。

实际技巧：在说话前，先组织好自己的思路，确保自己的观点明确。例如，可以用"首先……其次……最后……"的结构来组织语言。

重要性：清晰明确的表达可以帮助对方更好地理解你的意图，避免误解。

原则二：尊重他人

定义：在说话时要尊重对方的观点和感受，不要轻视或贬低对方。

实际技巧：即使你不同意对方的观点，也要用礼貌的方式表达。例如，可以说"我理解你的想法，但我有不同的看法……"。

重要性：尊重他人可以建立良好的沟通氛围，增强彼此的信任。

原则三：倾听对方

定义：在说话时，也要注意倾听对方的回应，不要只顾自己说。

实际技巧：在对方回应时，认真倾听，不要打断。可以用点头、简短回应等方式表示你在听。

重要性：倾听对方可以增强互动，让对方感受到被尊重，也能帮助你更好地调整自己的表达。

原则四：适时适度

定义：说话时要注意场合和时间，避免不合时宜的表达。

实际技巧：在正式场合，语言要规范、得体；在轻松的场合，可以适当幽默。例如，在商务会议中，语言要专业、简洁；在朋友聚会中，可以适当开玩笑。

重要性：适时适度的表达可以避免尴尬，增强沟通的效果。

原则五：诚实真实

定义：说话时要诚实，不要夸大或隐瞒事实。

实际技巧：表达自己的想法和感受时，要真实地反映内心的想法。例如，不要为了迎合对方而说违心的话。

重要性：诚实真实可以建立信任，让对方更愿意相信你。

原则六：积极正面

定义：尽量用积极正面的语言表达，避免消极负面的语气。

实际技巧：即使在表达困难或问题时，也可以用积极的方式。例如，可以说"我认为我们可以通过……来解决这个问题"，而不是"这个问题太难了，我们解决不了"。

重要性：积极正面的表达可以激励对方，增强沟通的积极性。

原则七：避免指责

定义：在说话时，避免指责或批评对方，尤其是用攻击性的语言。

实际技巧：如果需要提出建议或意见，可以用建设性的方式。例如，可以说"我觉得我们可以尝试……"，而不是"你这样做是不对的"。

重要性：避免指责可以减少冲突，增强沟通的和谐性。

原则八：适当反馈

定义：在说话时，要注意对方的反馈，根据反馈调整自己的表达。

实际技巧：如果对方表现出困惑或不理解，可以适当解释或重复。例如，可以说"我再解释一下……"。

重要性：适当反馈可以确保信息的有效传递，增强沟通的效果。

原则九：保持自信

定义：说话时要保持自信，不要过于紧张或自卑。

实际技巧：在说话前，可以深呼吸，调整自己的情绪。用坚定的语气表达自己的观点。

重要性：保持自信可以增强自己的说服力，让对方更愿意接受你的观点。

原则十：简洁有力

定义：说话时要简洁有力，避免冗长和啰唆。

实际技巧：尽量用简洁的语言表达自己的观点。例如，可以用"一句话总结"自己的想法。

重要性：简洁有力的表达可以节省时间，提高沟通的效率。

总之，说话不仅是表达自己的想法，更是与他人建立良好关系的重要方式。遵循以上十大原则，可以帮助你更有效地与他人沟通，增强彼此的理解和信任。记住，好的说话技巧不仅需要练习，还需要用心去感受和调整。遵循以上十大原则，破冰对你来说将不是难题。

学会提问

为什么说"会提问"的重要性不亚于"会说话"？

提问是获取信息最直接的方式。通过精心设计的问题，可以快速找到自己需要的关键信息。例如，在商务谈判中，通过提问可以了解对方的需求、底线和关注点，从而制定更有针对性的策略。所以说"会提问"在沟通、学习、工作和生活中非常重要。

清晰的提问可以帮助澄清模糊的信息，避免误解。例如，在工作中，如果任务说明不够明确，通过提问可以确保自己理解正确，从而避免做无用功。

提问是沟通的桥梁，是最好的社交手段，提问可以激发对方的思考，引导对方从不同角度看待问题。例如，在教学场景中，老师通过提问可以引导学生深入思考，培养学生的批判性思维。在沟通中，提问可以引导对话的方向和节奏。

例如，在销售场景中，通过提问可以引导客户关注产品的优势，从而推动销售进程。

在社交中，会提问可以展现自己的智慧和洞察力，提升在他人眼中的形象，还可以表达对对方的尊重和关注，让对方感受到被重视。例如，在社交场合中，通过提问可以展示你对对方的兴趣，从而拉近彼此的距离。

"会提问"是一种重要的沟通技巧，它不仅能帮助我们高效获取信息、引导对话和思考，还能建立信任和关系、解决问题、提升自我学习能力以及增强影响力。掌握提问技巧，可以在各种场景中更有效地沟通和交流，从而实现更好的结果。

"会提问"是一种高阶的沟通智慧，它不仅是获取信息的手段，更是构建关系、影响他人、深化认知的核心技能。

在注意力稀缺的时代，优质提问已成为社交场的硬通货。它不仅是打开他人心智的钥匙，更是建构认知共同体的脚手架。从脑神经激活到关系网络编织，提问能力直接决定了个人在社交生态系统中的"节点价值"。正如哲学家大卫·休谟所言："人类智慧的真正战场，不在答案的陈列室，而在问题的锻造车间。"

既然提问如此重要，那么怎样才是"会提问"呢？这就是接下来我们要解决的问题。

为什么提问题前要做好准备，又该如何做准备？

在提问之前做好充分准备是非常重要的，这不仅能提高提问的质量和效果，还能帮助我们更好地理解对方的回答，从而推动沟通、学习或解决问题。

提问之前，明确自己的目标是至关重要的。你需要清楚地知道希望通过提问达到什么效果，比如获取信息、引导对方思考、解决问题、确认事实等。明确目标可以帮助你设计更有针对性的问题。如果没有明确的目标，提问可能会显得盲目和无意义，甚至可能让对方感到困惑或不耐烦。

在提问之前，了解相关的背景信息可以帮助你更好地设计问题，并且能够更准确地理解对方的回答。例如，在商务谈判中，了解对方的公司背景、市场情况、竞争对手等信息，可以帮助你提出更有针对性的问题。了解背景信息还可以避免提出已经明确回答过的问题，从而节省时间和精力。

根据目标和背景信息，我们还可以选择合适的问题类型（如开放式、封闭式、引导性、澄清性等）。例如，如果你希望获取详细信息，可以使用开放式问题；如果你需要确认某个事实，可以使用封闭式问题。

提问之前做好准备可以表明你对对方的尊重。比如你能认真对待对方的观点和时间，愿意花时间去了解相关背景和细节。但如果没有做好准备，可能会提出一些显得无知或不恰当的问题，从而冒犯对方。

提问之前做好准备可以帮助你快速获取所需信息，避免不必要的对话和重复提问，从而提高沟通效率。提前准备好问题可以确保你能在有限的时间内获取关键信息，准备好的问题可以帮助你更好地引导对话的方向，确保讨论围绕你的目标展开。

提问之前做好准备可以让你在提问时更加自信。你清楚自己的问题是有根据的，并且能够更好地理解对方的回答。充分准备可以减少因不确定而产生的紧张情绪，让你在提问时更加自然。

提问之前做好准备可以帮助你确保问题的准确性，避免因误解或错误信息而导致的错误提问。通过提前准备，你可以设计出能够澄清细节的问题，从而避免误解。

提问之前做好充分准备可以帮助你明确目标、了解背景信息、设计有效的问题、建立信任和尊重、提高沟通效率、增强自信以及避免误解。这些准备措施能够确保你的提问更加高效、有针对性，并且能够更好地推动沟通、学习或解决问题。

提问之前做好充分的准备是确保提问有效性和高效性的关键。以下是一些具体的准备步骤，可以帮助你在提问时更加从容和有针对性：

○ **明确提问目标**

在提问之前，首先要明确你希望通过提问达到什么目的。是为了获取信息、确认事实、引导对方思考、解决问题，还是其他目标？明确目标可以帮助你设计更有针对性的问题。确定问题的范围，避免过于宽泛或模糊的问题。例如，如果你想了解某个产品的功能，不要问"这个产品怎么样？"而要问"这个产品的哪些功能是你们最满意的？"

○ **了解背景信息**

在提问之前，尽可能多地收集与问题相关的背景信息。这可以帮助你更好地理解对方的回答，并设计出更合理的问题。

如果可能，了解对方的立场和观点，这样可以避免提出可能引起误解或冲突的问题。在与合作伙伴讨论项目方案时，提前了解他们对项目的期望和担忧，可以帮助你设计出更符合对方需求的问题。

○ **设计有效的问题**

根据目标和背景信息，选择合适的问题类型，如开放式问题、封闭式问题、引导性问题、澄清性问题等。避免模糊不清或过于宽泛的问题，确保问题简洁明了，对方能够准确理解。

不要问"你对这个项目有什么看法？"而要问"你认为这个项目的预算是否合理？如果不合理，你认为应该如何调整？"

○ **模拟可能的提问**

如果问题非常重要，或者你对提问的效果不太确定，可以先进行模拟提问，找一个同事或朋友帮忙，看看问题是否清晰、有效。在重要的商务谈判之前，和团队成员进行模拟提问，看看问题是否能够达到预期的效果。

○ **预设可能的回答**

提问之前，预设对方可能的回答，这样可以帮助你更好地准备后续的问题或回应。如果你问"这个项目的预算是否合理？"对方可能回答"是"或"不是"，或者给出具体的理由。预设这些回答可以帮助你准备下一步的问题。根据可能的回答，准备相应的应对策略或进一步的问题，这样可以确保对话的连贯性和深度。

总之，在提问之前做好充分准备可以帮助你明确目标、了解背景信息、设计有效的问题、选择合适的时机、考虑对方的感受、记录关键信息，并通过练习确保问题的质量。这些准备措施能够确保你的提问更加高效、有针对性，并且能够更好地推动沟通、解决问题。

为什么说提问要简洁明了，一句话就能完整表达出你的问题？

无数事实证明会提问的人提出的问题通常都简洁明了，只用一句话就能表达完整自己的问题。这样提问才能将焦点放在最重要的事情上。

为什么说这种提问方式是最好的提问方式？因为简洁的问题更容易被理解，避免了因冗长或复杂的表述而可能产生的误解。当问题只有一句话时，对方可以快速抓住问题的核心，从而给出准确的回答。简洁的问题能够直接切入主题，节省时间和精力，避免不必要的绕圈子，尤其是在时间有限的场合（如会议、谈判等）。

将问题聚焦在最重要的事情上，可以帮助对方集中精力回答最关键的部分，避免分散注意力。这种提问方式能够引导对方提供最有价值的信息。如果问题包含多个焦点，对方可能需要同时处理多个问题，这不仅会增加回答的难度，还可能导致回答不够深入或全面。

简洁且聚焦的问题能够引导对方深入思考问题的核心，而不是被无关的细节分散注意力。这种提问方式可以帮助对方更清晰地表达自己的观点和想法。当问题过于复杂或冗长时，对方可能会给出表面的回答，而无法深入探讨问题的本质。

简洁的问题还便于后续跟进和进一步讨论。如果需要进一步探讨某个问题，简洁的问题可以更容易地被引用和扩展。而且简单的问题使人更容易回答，不会给对方带来过大的压力。这种提问方式能够让对方更轻松地参与对话，从而提高沟通的舒适度。

当问题过于复杂或冗长时，可能会让对方感到被攻击或质疑，从而产生抵触情绪。简洁的问题可以避免这种负面情绪，可以帮助你更好地引导对话的方向，确保对话围绕核心问题展开。这种提问方式能够避免对话偏离主题，提高沟通的连贯性。

当然，提问只用一句话并不是让我们只提一个问题，而是要力争简单。我们可能通过多个简洁的问题逐步深入，通过一系列相关的问题来逐步获取更详细的信息，而不是试图通过一个复杂的问题解决所有问题。

好的提问如同精准的手术刀，其价值不在于长度而在于切入的精确度。

反过来说，如果你能用一句话提出你的问题也正说明你对问题有深入的了解，正如物理学家理查德·费曼所言："如果我无法用一句话描述问题的核心，说明我根本没有理解它。"

简洁的问题能够帮助你更高效地获取关键信息，推动对话的顺利进行。

不要刨根问底，掌握"追问而不逼问，深入而不侵入"的分寸

在提问时避免过度追问是非常重要的。过度追问可能会让

对方感到被逼迫、不被尊重，甚至产生厌烦情绪，从而影响沟通效果和人际关系。过度追问会触发对方的防御机制，比如当对方感到被审问时，可能会关闭沟通的意愿，连续的问题还有可能导致信息过载，反而得不到有效回答。在人际互动中，提问的边界感如同精密的气压计，我们既需要深入挖掘信息，又要避免突破对方的心理安全阈值。

每个人都有自己的隐私和不愿意分享的内容。过度追问可能会让对方感到自己的隐私被侵犯，从而产生抵触情绪。例如，询问对方的收入、感情生活等敏感问题时，如果对方不愿意回答，继续追问会让对方感到不舒服。过度追问可能会让对方感到被逼迫，从而产生抵触情绪。特别是在对方已经给出回答后，继续追问可能会让对方觉得你对他的回答不满意，甚至怀疑他的诚意。

过度追问可能会让对方感到自己的观点或决定被质疑，从而产生不被尊重的感觉。特别是在对方已经给出明确回答的情况下，继续追问可能会让对方觉得你对他的回答不信任。连续追问多个问题可能会让对方感到压力过大，从而影响回答的质量和积极性。特别是在对方已经回答了一些问题后，继续追问可能会让对方感到疲惫。

在提问过程中，注意对方的反应和情绪变化。如果对方表现出不耐烦、回避或沉默，应立即停止追问。例如，对方可能通过表情、语气或肢体语言表达出不愿意继续回答。提问后，给予对方足够的时间和空间来回答。不要急于追问下一个问题，让对方有时间思考和组织语言。提问时要适度，避免连续追问多个问题。如果需要进一步了解，可以分步骤提问，或者在合适的时机再继续探讨。

在继续提问之前，可以确认对方是否愿意继续回答。这样可以避免让对方感到被逼迫。即使对方的回答不是你期望的，也要尊重对方的回答。不要通过追问来试图改变对方的观点或决定。

避免过度追问是非常重要的，这不仅能尊重对方的隐私和自主性，还能避免让对方感到被逼迫、质疑或压力过大。通过注意对方的反应、给予足够的空间、适度提问、确认对方的意愿和尊重对方的回答，你可以更有效地进行沟通，同时维护良好的人际关系。

以下是一些因过度追问导致谈判失败的知名案例：

- **微软收购雅虎的谈判失败**

2008年，微软公司试图收购雅虎公司，以增强其在互联网搜索市场的竞争力。微软最初提出以每股31美元的价格收购雅虎，总价值约446亿美元。这一报价已经比雅虎当时的市值高出62%。

雅虎认为微软的报价低估了其价值，拒绝了这一收购提议。微软随后多次提高报价，并不断追问雅虎管理层对于价格的期望。微软甚至表示愿意将报价提高到每股33美元，但雅虎仍然认为这一价格不够合理。

微软在谈判过程中不断追问雅虎管理层对于价格的具体期望，并试图通过各种方式施压雅虎接受报价。微软的这种追问方式让雅虎管理层感到被逼迫，同时也让雅虎的股东认为微软在试图压低价格。

最终由于微软的过度追问和施压，雅虎管理层和股东对微软的信任度下降，谈判破裂。微软未能成功收购雅虎，而雅虎则继续独立运营，但其市场价值在后续几年中持续下滑。

- **通用汽车收购悍马的谈判失败**

2008年，通用汽车公司因金融危机面临财务困境，决定出售其旗下的悍马品牌。一家中国公司表达了对悍马品牌的收购意向，并与通用汽车进行了初步接触。通用汽车提出了较高的收购价格，并要求潜在买家提供详细的财务计划和市场规划。中国公司认为通用汽车的报价过高，且对悍马品牌在中国市场的前景持谨慎态度。

通用汽车在谈判过程中不断追问潜在买家的具体财务计划和市场规划，并试图通过各种方式施压对方接受其报价。通用汽车的追问方式显得较为强硬，试图通过施压让潜在买家接受其条件。通用汽车的追问方式让潜在买家感到被逼迫，同时也让潜在买家认为通用汽车在试图压低价格。双方在谈判过程中多次陷入僵局。

由于通用汽车的过度追问和施压，潜在买家最终放弃了收购计划。悍马品牌最终未能成功出售，通用汽车不得不将其停产。

总之，卓越的提问者如同探戈舞者，既需要大胆切入的勇气，更要具备精准撤退的智慧。掌握"追问而不逼问，深入而不侵入"的分寸，本质上是在人性的钢丝上保持动态平衡。正如哲学家马丁·布伯所言，"真正的对话发生在两个自主存在的交界处"，保持这个交界的弹性与敬意，才是持续对话，持续破冰的不二法门。

追本溯源式提问往往最有力量？

追本溯源式提问并不是刨根问底，而是不多废话，不拐弯抹角，直击问题本质的提问。

确实，追本溯源式提问是一种非常有效的沟通技巧。它通过直接、简洁的方式直击问题的核心，避免了不必要的绕圈子和冗长的追问，从而能够快速获取关键信息、澄清误解或推动问题的解决。这种提问方式不仅能够节省时间，还能增强对话的效率和深度。

追本溯源式提问通常只有一句话，直接点明问题的核心，避免冗长和复杂的表述。这种提问方式能够让对方迅速抓住问题的重点，从而给出准确的回答。这种提问方式能够迅速聚焦到问题的本质，避免被表面现象或无关细节所干扰。通过直接提问，可以快速揭示问题的关键所在。

追本溯源式提问能节省时间和精力，避免不必要的绕圈子和重复提问。这种提问方式特别适合在时间有限的场合（如商务谈判、会议等），通过直截了当地提问，避免因复杂的表述而产生误解，让对方更容易理解自己的意图，从而给出准确回答。

以下是一些在企业谈判中通过追本溯源式提问打破僵局的知名案例，这些案例展示了如何通过直击问题核心式提问推动谈判的进展：

- **美国公司与欧洲公司关于专营权的谈判**

美国某公司希望从欧洲一公司采购一种特殊配料，并要求专营权，但欧洲公司拒绝了这一要求，谈判陷入僵局。

美国公司的首席采购人员直接提问："对于这样一家愿意购买你们生产的全部配料的大公司，你们为什么不愿意提供专营权？"欧洲公司解释说，专营权会让他们违背与表亲达成的协议。美国公司随后提出一个解决方案，允许欧洲公司继续向表亲提供配料，同时给美国公司也提供配料，取消专营权。

- **日本汽车公司与美国代理商的谈判**

日本一家汽车公司在美国寻找代理商，但谈判代表因堵车迟到，美国谈判代表抓住这一点，试图通过指责来获取更多优惠条件，谈判陷入僵局。

日本代表回应："我们十分抱歉耽误了您的时间，但是这绝非我们的本意。我们对美国的交通状况了解不足，导致了这个不愉快的结果。我们是否可以不再因为这个无关紧要的问题耽误宝贵的时间了？如果因为这件事怀疑我们合作的诚意，那么我们只好结束这次谈判。"

日本代表的直接回应让美国代表正视问题根本，谈判顺利进行下去，最终达成了合作。

- 苹果公司与Adobe公司关于Flash技术的谈判

苹果公司在2010年推出了iPhone和iPad等移动设备，但Adobe的Flash技术在移动设备上的表现不佳。苹果公司决定在其iOS设备上禁用Flash，这一决定引发了Adobe公司的强烈不满，双方展开了激烈的谈判。

Adobe公司认为Flash是互联网多媒体内容的重要组成部分，苹果公司禁用Flash技术将严重影响开发者和用户。Adobe要求苹果重新考虑这一决定，并允许Flash在iOS设备上运行。苹果公司认为Flash技术存在安全漏洞、性能问题和电池消耗过高等问题，不适合移动设备。苹果坚持在iOS设备上禁用Flash。

苹果公司的谈判代表直接向Adobe提出关键问题："为什

么Flash技术在移动设备上的表现如此差？你们是否考虑过改进Flash技术以适应移动设备的需求？"Adobe公司解释说，Flash技术在桌面端表现良好，但在移动设备上确实存在性能和安全问题。Adobe表示愿意改进技术，但需要时间。

苹果公司继续追问："如果Flash技术不能在短期内解决性能和安全问题，你们是否考虑过其他技术方案来满足移动设备的需求？"Adobe公司承认，短期内难以完全解决Flash在移动设备上的问题，但提出可以合作开发新的技术标准，以更好地适应移动设备。

苹果公司直接点明了Flash技术在移动设备上的核心问题，促使Adobe公司承认并正视这些问题。双方最终达成共识，Adobe公司同意逐步减少对Flash技术的依赖，并与苹果公司合作开发新的技术标准，如HTML5，以更好地适应移动设备的需求。

苹果公司通过追本溯源式提问，直接聚焦到Flash技术在移动设备上的核心问题，避免了冗长的争论和无效的沟通。这种提问方式帮助苹果公司迅速找到了问题的根源，即Flash技术在移动设备上的性能和安全问题，并促使Adobe公司正视这些问题，最终达成了双赢的解决方案。通过这种直接且简洁的提问，苹果公司不仅节省了时间和精力，还推动了技术的进步和行业的发展。

以上案例都表明，追本溯源式提问能够帮助谈判者直击问题的核心，避免被表面现象或无关细节所干扰，从而快速找到问题的根源并提出有效的解决方案，打破谈判僵局。

迂回式提问往往会有奇效

迂回式提问是一种通过间接、巧妙的方式提出问题的策略。它在某些情况下往往会有奇效，原因在于它能够避免直接冲突，缓解紧张情绪，同时还能引导对方在不知不觉中提供关键信息或改变立场。

直接提问可能会让对方感到被逼迫或质疑，从而产生抵触情绪。迂回式提问通过间接的方式提出问题，能够避免这种直接的对抗，让对方更容易接受。

在紧张的谈判或讨论中，迂回式提问可以缓解气氛，让对话更加轻松自然。这种方式能够帮助双方保持冷静，避免情绪化的反应。迂回式提问可以引导对方从不同角度思考问题，激发他们的自我反思。这种方式能够让对方在不知不觉中提供关键信息或改变立场。

迂回式提问可以避免直接否定对方的观点，从而让对方更容易接受你的建议。这种方式能够帮助双方在对话中保持开放的态度。

迂回式提问可以通过间接的方式获取关键信息，而不会让对方感到被逼迫。这种方式能够让对方在不知不觉中提供更多的细节，还可以避免直接触及敏感问题，从而减少对方的抵触情绪。这种方式能够让对方在舒适的范围内提供信息。

迂回式提问能通过间接的方式表达关心和理解，增强对方的信任感。这种方式能够让对方感受到你的尊重和合作意愿。

通过这种方式提问可以引导对方参与到对话中，促进双方的合作。这种方式能够让对方感受到你的合作意愿，从而更容易达成共识。

在谈判中，迂回式提问是一种非常有效的策略，它可以帮助你更好地了解对方的立场、需求和顾虑，同时避免直接冲突，推动谈判的顺利进行。以下是一个谈判中通过迂回式提问打破僵局的知名案例，具体展示了迂回式提问如何发挥奇效：

20世纪70年代中期，索尼公司希望马歇尔公司成为其彩电在美国市场的主推零售商，派代表卯木肇多次拜访马歇尔公司，但马歇尔公司的总经理直接拒绝了索尼公司的产品，认为索尼是一个不知名的品牌，不值得合作。

卯木肇没有直接反驳马歇尔公司的拒绝，而是采用了迂回的策略。他没有直接追问为什么马歇尔公司拒绝索尼的产品，而是通过提问引导对方思考："如果我告诉您，索尼的彩电在日本和欧洲已经取得了巨大的成功，并且我们的产品质量和技术创新是行业领先的，您觉得这是否会影响您的决定？"

卯木肇继续追问:"您认为,如果马歇尔公司能够成为索尼在美国市场的首家合作伙伴,这将对您的品牌形象和市场竞争力带来什么影响?"

针对这些问题,马歇尔公司的总经理开始重新考虑索尼公司的提议。索尼公司成功引导马歇尔公司重新评估合作的可能性。最终,马歇尔公司同意销售索尼的彩电,索尼公司也成功打开了美国市场。

在这个案例中,索尼公司代表卯木肇通过迂回式提问,避免了直接冲突,引导对方从不同角度思考合作的可能性。这种提问方式不仅缓解了紧张的谈判氛围,还帮助索尼公司成功打破谈判僵局,达成合作。

迂回式提问在谈判中的关键作用在于,它能够通过间接的方式获取对方的真实想法,引导对方思考问题的另一面,从而找到解决问题的新途径。在谈判陷入僵局时,不妨试一下迂回式提问,也许这种方式能够帮你融化一直横亘在你和合作者之间的坚冰。

什么是有效提问,什么又是无效提问?

在沟通、谈判、学习或解决问题的过程中,提问的质量对结果有着重要影响。有时候我们问了对方一堆问题,但都没获得什么信息和效果,而有时候只问一个问题就会获得非常重要的信息，取得非常重要的进展，这就是有效提问和无效提问的区别。

有效提问和无效提问最大的区别就在于它们能否帮助我们达到预期的目标，比如获取关键信息、引导对方思考、推动对话进展等。

那么，什么是有效提问，什么又是无效提问呢？

有效提问：

明确具体：问题的意图清晰，对方能够迅速理解你想问什么。例如："这个项目的预算是否包括了所有必要的设备采购费用？"

开放性：通常以"什么""为什么""如何"等词开头，能够引导对方提供详细的信息，而不是简单的"是"或"否"。例如："您认为这个方案的优点和缺点分别是什么？"

相关性：问题与当前讨论的主题紧密相关，避免偏离主题。例如："在考虑这个市场推广方案时，您最担心的市场反馈是什么？"

适度引导：引导对方思考，但避免过于强势或带有预设答案。例如："您觉得我们可以从哪些方面改进这个方案？"

尊重对方：问题的措辞和方式要尊重对方的感受和立场，避免让对方感到被攻击或质疑。例如："您在考虑这个方案时，最担心的是什么？"

聚焦核心：问题能够直接点明问题的核心，避免绕圈子或冗长的表述。例如："这个项目的进度是否符合预期？"

无效提问：

模糊不清：问题的意图不明确，对方难以理解你想问什么。例如："这个项目怎么样？"

过于宽泛：问题涵盖的内容过多，对方难以给出具体的回答。例如："你对这个公司的整体运营有什么看法？"

带有攻击性：问题的措辞或方式让对方感到被攻击或质疑，容易引发对方的抵触情绪。例如："你为什么不同意这个方案？是不是有问题？"

偏离主题：问题与当前讨论的主题无关，容易让对话偏离轨道。例如："你对公司的整体战略有什么看法？"

带有预设答案：问题带有明显的预设答案，限制了对方的回答范围，显得不够真诚。例如："你难道不觉得这个方案是最好的吗？"

冗长复杂：问题表述冗长，包含多个问题或假设，对方难以抓住重点。例如："我想了解一下，关于这个项目，我们之前设定的里程碑和时间节点，你们是否觉得目前的进度能够满足这些要求？如果不能，你们认为主要的阻碍因素是什么，我们是否需要调整计划或者采取一些措施来确保项目按时完成？"

○ **如何避免无效提问**

先问再答：通过反问的方式，帮助提问方聚焦他真正的疑问，挖掘他想听的方向之后再做回答。例如，当领导问你："你对这份企划案有什么看法？"你可以问一句："您是指内容上的意见，还是操作层面上的意见？"或者"我对预算和流程都有点儿想法，您想先听哪个？"

"看人下菜碟"：根据听众的需求和预期，调整你的回答方式，避免不必要的啰唆和偏离主题。通过这些方法，你可以更有效地设计问题，避免无效提问，从而提高沟通和解决问题的效率。

有效提问能够帮助你清晰、具体地获取关键信息，引导对方思考，推动对话进展，同时尊重对方的感受和立场。而无效提问则可能导致误解、抵触情绪、偏离主题或浪费时间。通过明确问题的意图、保持开放性、确保相关性、适度引导、尊重对方和聚焦核心，你可以设计出更有效的问题，从而提高沟通和解决问题的效率。

没有提问公式，但有通用的提问方法

提问是沟通、学习和解决问题的重要工具，掌握不同的提问方法可以帮助我们更有效地获取信息、引导对话、激发思考或解决问题。没有任何提问适用于所种情况，但有效的提问有其普遍的共性，以下是已被证明十分有效的十种提问方法：

方法一：开放式提问

开放式问题是那些不能简单地用"是"或"否"回答的问题。它们通常以"什么"（what）、"为什么"（why）、"如何"（how）、"在哪儿"（where）、"何时"（when）等词开头。开放式问题可以激发对方的思考，获取更详细的信息，同时也能让对方感受到被尊重。

示例：

"你对这个项目有什么具体的想法？"

"你觉得这个方案有哪些优点和缺点？"

"你是怎么得出这个结论的？"

方法二：封闭式提问

封闭式问题是那些可以用"是"或"否"回答的问题。它们通常以"是否""有没有""是不是"等词开头。封闭式问题可以帮助快速确认信息，适合在需要明确答案时使用。

示例：

"你是否同意这个方案？"

"你有没有考虑过这个因素？"

"是不是这个部分出了问题？"

方法三：引导性提问

引导性问题是那些带有预设答案或倾向性的问题。它们通常通过特定的措辞引导对方给出某种答案。引导性问题可以用来确认对方的观点或引导对方思考某个方向。

示例：

"你难道不觉得这个方案是最好的吗？"（引导对方同意）

"你是不是觉得这个价格有点高？"（引导对方关注价格问题）

方法四：澄清性提问

澄清性问题是用来确认信息或澄清误解的问题。它们通常用于确保自己理解对方的意思。澄清性问题可以避免误解，确保沟通的准确性。

示例：

"你是说你需要在下周之前完成这个任务吗？"

"你提到的'这个部分'是指哪个部分？"

方法五：探索性提问

探索性问题是用来深入了解对方观点、想法或背景的问题。它们通常用于引导对方分享更多信息。探索性问题可以激发对方的思考,获取更全面的信息。

示例:

"你为什么会有这样的想法?"

"你是怎么得出这个结论的?"

"你以前有没有类似的经历?"

方法六:假设性提问

假设性问题是基于某种假设提出的问题,通常用于探讨可能性或预测结果。假设性问题可以帮助对方思考不同的情况,预测可能的结果。

示例:

"如果我们的预算增加10%,你觉得项目会有哪些变化?"

"假设我们按照这个方案执行,你认为可能会遇到哪些问题?"

方法七:反问式提问

反问式问题是将问题抛回给对方,让对方自己思考答案。这种提问方式可以引导对方自我反思。反问式问题可以避免直接冲突,同时也能引导对方思考问题的本质。

示例:

"你觉得我应该怎么做?"

"你认为这个问题的关键是什么？"

方法八：阶梯式提问

阶梯式提问是通过一系列逐步深入的问题，引导对方从表面到深入地思考问题。这些问题通常从简单到复杂，从一般到具体。阶梯式提问可以帮助对方逐步理清思路，避免一开始就陷入复杂的问题。

示例：

"你对这个项目有什么初步的想法？"（一般性问题）

"你觉得这个项目的关键点是什么？"（深入性问题）

"你认为我们应该如何解决这些关键点？"（具体性问题）

方法九：选择性提问

选择性提问是指提供几个选项，让对方从中选择。这种方式可以引导对方在有限的范围内做出选择。选择性提问可以简化决策过程，同时也能引导对方思考不同的选项。

示例：

"你认为我们应该先做A方案还是B方案？"

"你是希望在下周完成这个任务，还是下下周？"

方法十：循环式提问

循环式提问是通过重复提问或从不同角度提问，以确保获取准确的信息。这种方式常用于确认信息或深入探讨问题。循环式提问可以帮助确保信息的准确性，同时也能从多个角度获取更全面的信息。

示例：

"你刚才提到的问题，能再详细说说吗？"

"从另一个角度来看，你认为这个问题的根源是什么？"

总之，不同的提问方法适用于不同的场景和目标。开放式问题适合获取详细信息，封闭式问题适合确认信息，引导性问题适合引导对方思考，澄清性问题适合避免误解，探索性问题适合深入了解，假设性问题适合探讨可能性，反问式问题适合引导对方自我反思，阶梯式问题适合逐步深入，选择性问题适合简化决策，循环式问题适合确认信息。掌握这些提问方法，可以帮助我们在各种场景中更有效地沟通和解决问题。

提问的十大原则

提问是沟通和交流中非常重要的一部分，尤其在商务谈判、工作场景、学习和日常生活中。掌握提问的原则可以帮助我们更有效地获取信息、引导对话、解决问题或激发思考。以下是提问的十大原则：

原则一：尊重性原则

定义：提问时要尊重对方的立场、观点和感受，避免让对方感到被攻击或质疑。

示例：

错误示例："你为什么有这么愚蠢的想法？"（这种提问方式带有攻击性，会让对方感到被冒犯）

正确示例："我理解你的想法，能和我分享一下你是怎么得出这个结论的吗？"（这种提问方式更加尊重对方，同时也表达了你对对方观点的兴趣）

原则二：明确性原则

定义：提问时要确保问题清晰、具体，避免模糊不清或过于宽泛的问题，这样对方才能准确回答。

示例：

错误示例："你对这个项目有什么看法？"（这个问题过于宽泛，对方可能不知道从何说起）

正确示例："你认为这个项目的预算是否合理？如果不合理，你认为应该如何调整？"（这个问题具体且明确，对方可以针对性地回答）

原则三：开放性原则

定义：提问时尽量使用开放性问题，避免使用只能回答"是"或"否"的封闭性问题。开放性问题可以引导对方提供更多的信息和观点。

示例：

错误示例："你是否同意这个方案？"（这是一个封闭性问题，对方只能回答"是"或"否"）

正确示例："你对这个方案有什么具体的想法或建议？"（这是一个开放性问题，对方可以详细阐述自己的观点）

原则四：适度性原则

定义：提问时要注意问题的数量和深度，避免过多或过深地追问，以免让对方感到不适或压力过大。

示例：

错误示例："你为什么这么想？你以前有没有类似的经历？你当时是怎么处理的？……"（连续追问多个问题，会让对方感到压力过大）

正确示例："你为什么这么想？或许你可以分享一下你的经历。"（适度提问，给对方足够的时间和空间回答）

原则五：引导性原则

定义：在需要引导对方思考或提供特定信息时，可以使用引导性问题，但要注意引导的方式，避免让对方感到被操控。

示例：

错误示例："你难道不觉得这个方案是最好的吗？"（这种引导性问题带有强烈的暗示，可能会让对方感到不舒服）

正确示例："你觉得这个方案有哪些优点和缺点呢？"（这种引导性问题更加中立，引导对方思考而不过于强势）

原则六：相关性原则

定义：提问时要确保问题与当前的讨论主题或目标密切相关，避免偏离主题。

示例：

错误示例："我们正在讨论项目的预算问题，你对项目的市场推广有什么看法？"（这个问题与当前主题无关）

正确示例："我们正在讨论项目的预算问题，你认为预算中哪些部分可以优化？"（这个问题与当前主题紧密相关）

原则七：时机性原则

定义：提问时要注意时机，选择合适的时刻提问，以确保问题能够得到有效的回答。

示例：

错误示例：在对方正在讲话或情绪激动时打断提问："你为什么这么生气？"（这种时机打断他人说话不合适，可能会让对方更加生气）

正确示例：在对方说完一段话后，礼貌地提问："我理解你的观点，不过我想问问你对这个问题的看法。"（这种时机打断他人说话合适，对方更容易接受）

原则八：非引导性原则

定义：尽量避免使用带有预设答案或倾向性的问题，这样可以更客观地获取对方的真实想法。

示例：

错误示例："你是不是觉得这个方案很糟糕？"（这是一个带有预设答案的问题，暗示对方应该觉得方案糟糕）

正确示例："你对这个方案有什么具体的看法？"（这是一个中立的问题，让对方自由表达自己的观点）

原则九：反馈性原则

定义：提问后要认真倾听对方的回答，并给予适当的反馈，让对方感受到被尊重和重视。

示例：

错误示例：问完问题后，不等对方回答就继续说自己的想法。

正确示例：问完问题后，认真倾听对方的回答，并回应："我明白了，你的意思是……是这样吗？"

原则十：适度引导原则

定义：在需要引导对方思考或提供特定信息时，可以使用适度引导性问题，但要注意引导的方式，避免让对方感到被操控。

示例：

错误示例："你难道不觉得这个方案是最好的吗？"（这种引导性问题带有强烈的暗示，可能会让对方感到不舒服）

正确示例："你觉得这个方案有哪些优点和缺点呢？"（这种引导性问题更加中立，引导对方思考而不过于强势）

总之，掌握这些提问原则可以帮助我们在各种场景中更有效地沟通和交流。尊重对方、明确问题、使用开放性问题、适度提问、引导对方思考、保持相关性、把握时机、避免预设答案、认真倾听并给予反馈，这些原则能够帮助我们建立良好的人际关系，获取有价值的信息，并推动对话的顺利进行。

学会倾听

为什么"会倾听"非常重要,怎样才是"会倾听"?

人类天生是糟糕的听众,但倾听又是无比重要的沟通技能。用心地倾听是一项技能,许多人似乎已经忘记或者可能从未学习过这项技能。"会倾听"是有效沟通的核心能力之一,倾听不仅是简单的"听",更是一种主动理解和建立连接的社交艺术。当一个人感到被真正倾听时,会产生被尊重和重视的感觉。这种情感共鸣能迅速拉近关系,尤其在亲密关系或职场合作中,倾听是打破隔阂的"破冰工具"。

人类的语言表达常存在模糊性,倾听者若急于打断或主观解读,容易遗漏关键信息。主动倾听能减少沟通中的"信息折损"。研究表明,人们通常只能记住对话内容的50%,而专注倾听能提升至80%以上。

许多冲突源于"各说各话"。通过倾听理解对方的真实需求（如情绪宣泄或实际帮助），才能提供有效回应。倾听不同观点能突破认知盲区。乔布斯曾说："顶尖的创新者往往是那些最善于倾听的人"，因为灵感常来自他人无意中的启发。

在社交活动中，通过倾听，能够更好地理解他人的感受和需求。例如，当你倾听一个处于困境中的人讲述他的遭遇时，你会更容易设身处地地去感受他的痛苦，从而培养出更强的同理心。在面对问题时，倾听可以让人们更全面地了解情况。在团队合作解决问题的过程中，倾听不同成员的意见可以集思广益。每个成员都有自己的想法和建议，通过倾听，可以整合这些意见，找到一个最佳的解决方案。

倾听如此重要，那么怎样才是"会倾听"呢？

首先，在倾听时要有专注的态度。

在倾听时，要保持适当的目光接触，这表示你在关注对方。同时，身体姿态也很重要，身体微微前倾，表示你对对方的话很感兴趣。例如，在和别人交谈时，不要左顾右盼或者玩手机，这样会让对方觉得你没有认真听。

尽量在一个安静、无干扰的环境中倾听。如果是在嘈杂的环境中，可以找一个相对安静的地方进行交流。比如在咖啡馆聊天时，选择一个角落的位置，避免周围过多的噪声干扰。

其次，理解对方说的每一句话。

认真听清楚对方说的每一个词和句子，理解其字面意思。例如，在听一个演讲时，要关注演讲者的主要观点、论据和结论等信息。

除了言语，还要关注对方的语气、语调、表情和肢体动作等非言语信息。比如一个人说话时声音颤抖、眼神躲闪，可能表示他很紧张或者有难言之隐；如果对方面带微笑、语气轻松，说明他可能在分享一件开心的事情。

再次，积极做出适时反馈。

在对方说话过程中，适当点头表示你理解或者认同。这是一种简单而有效的反馈方式。例如，在朋友讲述一个有趣的故事时，你点头可以让对方感受到你在认真听，并且觉得故事很吸引人。

可以用简短的言语回应对方，如"我明白你的意思""这确实是个问题"等。但要注意回应的语气要温和，不要打断对方。例如，在同事向你抱怨工作压力时，你可以回应"我能理解你现在的压力，确实工作很忙"，然后再等对方继续说下去。

第四，不要打断他人，更不要急于评判。

让对方把话说完，不要急于表达自己的观点。即使你不同意对方的观点，也要等对方说完后再提出。比如在一场辩论中，即使你认为对方的观点是错误的，也要等对方陈述完毕，这样才是尊重对方。

不要带着先入为主的观念去评判对方。要尽量从对方的角度去理解他的想法。例如，当听到一个和自己观念完全不同的观点时，不要马上否定，而是尝试去理解对方为什么会这样想。

倾听不仅对他人有益，也有助于自我提升，促进更健康的人际关系。当然真正的倾听技能需要时间和努力，不是一蹴而就的，但只要你掌握了倾听的艺术，那么你也就掌握了破冰的技术。

谁都希望有听众，让对方感觉到你在认真听

破冰行动中，倾听如此重要，那么要让对方感受到你真正在倾听就尤为重要。让对方感觉到你在倾听关键在于通过语言、行为和态度传递"你的感受对我很重要"的信号。

以下是具体可操作的技巧，让对方感觉到你在认真听：

首先，用身体语言表达你的"回应"。

〇 保持眼神接触

黄金比例：保持60%70%的眼神接触（避免过度凝视带来压迫感），对话关键节点（如对方表达情绪时）适当增加注视时间。

技巧：若直视让人紧张，可注视对方眉心或鼻梁，同样传递专注感。

○ **保持开放式姿态**

避免防御性动作：双手抱胸、跷二郎腿会显得疏离，改为身体微前倾、双手自然放松。

镜像反应：轻微模仿对方姿态（如对方托腮时你也轻触脸颊），能潜意识增强亲近感。

○ **释放微小反馈信号**

点头节奏：在对方停顿处点头（如每句话结束），而非机械式频繁点头。

同步表情：对方讲述悲伤经历时皱眉，听到趣事时微笑，展现情感共鸣。

其次，用语言传递"我在跟随你"。

○ **锚定关键词**

重复核心词：对方说"最近工作压力特别大"，回应时重复"压力"一词："这种持续的压力是怎么来的？"

作用：既确认理解，又引导对方深入细节。

○ **阶段性总结**

句式模板：

"你刚刚提到A、B、C三点，其中让你最困扰的是对吗？"

"听起来这件事的关键矛盾是我理解得对吗？"

适用场景：信息量大或情绪复杂的对话，帮助梳理逻辑。

○ 情绪标注技术

公式："你感到（情绪词），是因为（事件/需求），对吗？"

案例：对方抱怨同事抢功，回应："你觉得委屈，是因为自己的付出没被看到，是吗？"

注意：避免过度解读，用试探语气留出修正空间。

再次，巧用沉默的力量。

○ 认识停顿的力量

三秒原则：对方停止说话后，等待3秒再回应。这短暂沉默传递"我在消化你的话"，而非急着反驳或转移话题。

应对冷场：若对方突然沉默，可说："你刚才提到的（重复TA最后的关键词），愿意多说说吗？"

○ 克制插话的冲动

手势暗示：手中拿一支笔或水杯，当想打断时紧握物品，用物理动作提醒自己"等TA说完"。

笔记辅助：在重要对话中快速记录关键词，既能避免遗忘，又减少因担心遗漏而插话。

第四，随时调整你的内在状态。

○ 切换"侦探模式"

将注意力从"我要说什么"转为"TA为什么这样说"，

像侦探一样捕捉对方语言中的隐藏信息（如反复出现的词汇、矛盾点）。

○ 管理内在评判

心理暗示：对话前默念"此刻TA是主角"，暂时搁置自己的观点。

接纳不认同：即使不同意对方观点，先完成倾听任务："我听到你说（复述），虽然我有不同看法，但很感谢你愿意分享。"

第五，见招拆招，应对不同场景。

○ 当对方情绪激动时

降低语言密度：用简短的回应词（"嗯""确实"）配合身体语言，避免长篇大论打断情绪流。

递送纸巾/温水：非语言关怀比语言更能传递支持。

○ 在多人对话中被忽视时

搭桥技术：当有人打断TA，你可以说："刚才XX提到的（转向TA），你之前是不是也遇到过类似情况？"

视觉确认：即使环境嘈杂，保持与TA的眼神接触，用口型示意"继续，我在听"。

第六，规避会让对方觉得"你没在听"的行为。

这些行为有以下几种：

频繁看手机/手表

面无表情的"嗯哼"式敷衍

不假思索"好的好的"式回应

用"不过""但是"强行转折话题

随意给出教条味建议（"你应该——"）

复述时扭曲原意（如对方说"焦虑"，你改成"压力"）

真正的倾听是一场"交出自我"的仪式——它不靠技巧堆砌，而源于对他人的真诚好奇。当你放下"表现自己"的欲望，对方自然能感受到那种全然的接纳，这才是沟通中最珍贵的礼物。

说二分，听八分，少说多听最聪明

在人际交往中，倾听往往比说话更能体现一个人的智慧和修养。在沟通中，表达自己的观点和想法是必要的，但要尽量做到简洁明了。用两分的精力去表达，可以避免冗长和啰唆，直击重点。用八分时间和精力去认真倾听对方时，对方会感受到被尊重和重视，你也能获得更多的有用信息。

"说二分"意味着在沟通中，要谨慎地表达自己的观点和想法，避免过多地占据话语权。这不仅能让对方感受到尊重，还能避免因言辞不当而引发的误解或冲突。"听八分"则强调倾听的重要性，即在沟通中要更多地关注对方的想法和感受，通过倾听来获取信息、理解对方，并建立良好的关系。通过少说多听，人们可以更好地理解他人，避免不必要的麻烦，同时也能赢得他人的尊重和信任。

社交媒体培养了人们急于表达的习惯，但真正愿意耐心倾听的人却成为稀缺资源。但是通过认真倾听，你才能更全面地理解对方的观点和需求，避免因误解而产生的冲突。倾听不仅能帮助你理解对方的想法，还能让你感受到对方的情绪。一个善于倾听的人往往更能赢得他人的尊重和信任，从而在团队或社交场合中具有更大的影响力。多听可以让人接触到不同的观点和经验，从而拓宽视野，提升自己的知识和技能。

心理学实验表明，当一个人感到自己的观点被专注倾听时，大脑会释放多巴胺，产生类似获得奖励的愉悦感。人们更倾向于喜欢让自己感觉"被重视"的人，而非"口才最好"的人。

表面上，倾听者是"被动接收方"，实则通过提问引导话题走向。审讯专家常用"沉默施压法"，让嫌疑人在填补安静中暴露更多信息。乔布斯说："聪明人从别人的错误中学习"，而倾听就是最低成本的"认知采集器"。

蒂姆·库克作为苹果公司的CEO，以"沉默倾听"著称。他在会议中很少主动发言，而是通过专注倾听来获取信息，对细节的关注程度极高。这种专注倾听的风格让他能够精准地捕捉到关键问题，并在关键时刻提出精准的问题。例如，他会问："D列514行出现的差额是什么？造成这个问题的根本原因是什么？"这种精准提问不仅帮助团队快速找到问题的关键，也展示了他对细节的关注。

爱迪生在出售一项发明时，因为不熟悉市场行情，不知道能卖多少钱。在与一位商人商谈时，爱迪生认为要价太高不好意思开口，于是选择了沉默。商人几次追问，爱迪生始终沉默不语。最后，商人主动出价10万美元，爱迪生大喜过望，当场成交。这个案例表明，适当的沉默可以隐藏自己的真实想法，让对方主动提出更有利的条件。

法国国王路易十四在处理宫廷事务时，经常面对大臣们的争论。他通常不动声色地聆听，表情漠然，让人难以猜测他的真实想法。待争论的双方各抒己见后，路易十四不置可否地说一句："我会考虑的。"然后便转身离开。这种沉默的策略不仅巩固了他的王权，也让大臣们对他更加敬畏和信服。

松下幸之助是松下电器的创始人，他非常重视倾听员工的意见和建议。他认为，如果对员工的意见不加理睬，员工的积极性会受挫，公司也会变得死气沉沉。松下幸之助通过倾听员工的想法，激发了他们的创造力和积极性，这也是松下电器能够不断发展壮大的原因之一。

戴尔·卡耐基是一位著名的人际关系专家，他非常擅长倾听。有一次，卡耐基到一个著名植物学家的家里做客，植物学家滔滔不绝地给他讲述植物学的专业知识。卡耐基并没有像其他人那样对植物学家的话爱理不理，而是听得津津有味，不时还提出问题。植物学家非常开心，称赞卡耐基是"最好的谈话专家"。这个案例表明，通过倾听和回应，可以赢得他人的尊重和好感。

"说二分，听八分"的本质，是通过让度话语权来换取信任权。这种策略看似被动，实则是以柔克刚的社交智慧。正如《道德经》所言："多言数穷，不如守中"，在喧嚣的现代社交场中，懂得用耳朵开路的智者，往往能走到人群的最前列。

不带成见去倾听，才能真正有效倾听

在沟通时摒弃成见是非常重要的，因为它可以帮助我们避免信息过滤，促进理解与共鸣，增强信任与尊重，避免误解和冲突，同时促进创新与成长。通过保持开放的心态，认真倾听对方的观点和感受，我们能够建立更和谐的人际关系，取得更好的沟通效果。

不带成见去倾听，能接收更多信息，因为成见会限制我们的视野，使我们对与自己观点不符的信息产生过滤或忽视。而不带成见地倾听，能够让我们以开放的心态去理解他人，从而获取更全面、更准确的信息。

这种开放式的心态不仅能帮助我们避免因偏见而错过重要信息，还能促进我们更好地理解他人，建立更和谐的人际关系。无论是在职场、学术研究、商业谈判还是个人成长中，不带成见的倾听都能带来意想不到的收获。

在沟通时摒弃成见是非常重要的，因为成见会严重影响我们接收和理解信息的能力，阻碍有效地沟通。

成见会导致我们对信息进行选择性接收，只关注那些符合我们已有观点的信息，而忽略或误解与我们观点不符的信息。这种信息过滤会让我们错过重要的细节和不同的观点。摒弃成见可以帮助我们更好地理解对方的观点和感受，从而建立更深层次的共鸣。当我们以开放的心态去倾听时，我们能够更全面地理解对方的立场，而不是仅仅从自己的角度出发。

当你与来自不同文化背景的人交流时，如果你带着成见去听，可能会误解对方的行为和观点。但如果你摒弃成见，认真倾听，你可能会发现对方的观点其实很有道理，甚至能从中学习到新的东西。

当我们摒弃成见去倾听时，对方会感受到我们的尊重和关注，从而增强彼此之间的信任。这种信任是良好关系的基础，能够促进更有效的沟通和合作。成见还往往会导致误解和冲突，因为它们让我们在没有充分了解情况之前就做出判断。摒弃成见可以帮助我们更客观地看待问题，从而避免不必要的误解和冲突。

摒弃成见可以帮助我们接收更多的信息和不同的观点，从而促进创新和成长。当我们愿意倾听不同的声音时，我们能够从中获得新的灵感和思路。

在沟通时摒弃成见是非常重要的，因为它可以帮助我们避免信息过滤，促进理解与共鸣，增强信任与尊重，避免误解和冲突，同时促进创新与成长。通过保持开放的心态，认真倾听对方的观点和感受，我们能够建立更和谐的人际关系，取得更好的沟通效果。

苹果公司在产品开发中就高度重视开放倾听，这种策略不仅体现在内部团队协作中，也体现在与外部合作伙伴及用户互动中。苹果公司鼓励团队成员在项目初期紧密合作，通过频繁的讨论和头脑风暴来激发创意。例如，在开发iPhone等产品时，苹果组建了跨部门团队，包括硬件工程师、软件开发人员、设计师和市场专家。这种跨部门协作确保了不同背景的团队成员能够充分表达自己的观点，共同为产品的成功贡献力量。

此外，苹果公司还通过"智囊团"（Braintrust）的方式促进开放式倾听。例如，苹果的"相机智囊团"每周举行跨员工透明度会议，团队成员以开放的方式分享他们面临的挑战，每个领导和团队都有发言权。这种透明的沟通方式不仅促进了团队成员之间的相互理解,还加速了技术创新,例如推动了AirPods Pro等产品的高质量协作和创新。

在社交中,"不带成见地倾听"是一种通过开放式的心态、摒弃预设判断来建立信任与理解的沟通方式。那么如何做到不带成见去倾听呢?其实只要你做到以下几点就完全能做到:

摒弃预设立场:如调解员不急于辩解,孙某不否定他人意见。

专注与好奇:通过提问和反馈展现兴趣,而非评判(如桥墩案例)。

情绪管理:在冲突中保持冷静,如电话公司调解员面对愤怒客户时的耐心。

灵活适应场景:根据环境调整倾听策略,如职场中平衡不同代际需求。

听懂肢体语言才是真正会倾听

人们常说:听其言,观其行。意思是行动比语言更重要,但其实在沟通中,听懂肢体语言,也就是人的动作行为被认为是真正会倾听的重要标志。主要原因有以下几点:肢体语言被认为是更真实的语言,原因在于它通常是由下意识控制的,很难被完全伪装或隐藏。与口头语言相比,肢体语言更能真实地反映一个人的内心想法和情绪状态。

肢体语言大多是下意识的反应，很难被完全控制。人们在说话时可能会有意识地选择词汇和语气，但肢体语言往往在不经意间流露出真实的情感和意图。当一个人感到紧张时，他可能会不自觉地搓手、咬嘴唇或频繁眨眼，这些动作很难被完全控制。当一个人说谎时，他可能会不自觉地触摸鼻子、耳朵或脖子，这些细微的动作被称为"欺骗信号"。

口头语言可以通过训练和技巧进行伪装，但肢体语言很难做到这一点。即使一个人试图控制自己的肢体语言，也很难做到完全自然和一致。

肢体语言能够传递丰富的情绪信息，这些信息往往比口头语言更直接、更真实。例如，一个人的面部表情、眼神和身体姿态可以传达出他的快乐、愤怒、焦虑或自信。一个人即使口头上说"我没事"，但如果他的眉毛紧锁、嘴唇紧闭、身体僵硬，这些肢体语言会清楚地表明他实际上很愤怒。反之，一个人即使口头上没有表达，但他的微笑、眼神闪烁和轻松的身体姿态会清楚地表明他很快乐。

当口头语言和肢体语言不一致时，人们往往更倾向于相信肢体语言。这是因为肢体语言更难被控制，因此被认为更真实。

研究表明，在人际交往中，语言传递的信息仅占7%，而肢体语言、声调、表情等非语言信息占到93%。这意味着，如果不关注肢体语言，我们可能会错过大部分的沟通内容。

在沟通中，观察对方的肢体语言可以帮助我们判断他们是否在认真倾听。例如，如果对方身体微微前倾、目光专注、不时点头，这通常意味着他们在认真倾听。相反，如果对方眼神游离、身体后仰或交叉双臂，可能表示他们不感兴趣或不同意。

通过观察和理解肢体语言，我们可以更好地调整自己的沟通方式，从而建立更融洽的关系。例如，在谈判或重要会议中，读懂对方的肢体语言可以帮助我们更好地把握对方的真实意图，从而作出更合适的回应。

面部表情、眼神交流和身体姿态等肢体语言是情绪的直接表达方式。例如，微笑通常表示友好和开放，而皱眉可能表示困惑或不满。通过读懂这些信号，我们可以更准确地理解对方的情绪状态，从而做出更恰当的反应。

在一些情况下，肢体语言可以揭示潜在的问题或矛盾。例如，如果一个人在交谈中频繁触摸鼻子或耳朵，可能表示他在说谎或感到不安。这种细微的肢体信号可以帮助我们及时发现问题并采取措施。

总之，肢体语言在职场沟通中具有极其重要的作用，它能够帮助我们更好地理解同事、上级和客户的真实意图和情绪状态，从而提升沟通效果、建立信任和促进合作，所以我们一定要善于捕捉肢体语言，通过倾听肢体语言来实现人际关系的真正破冰，达成真正的交流沟通。

沉默是金，但倾听时不能一直沉默

"沉默是金"这句话强调了在某些情境下保持沉默的智慧。然而，在倾听时，完全保持沉默可能会让对方感到被忽视或不被理解。因此，倾听时需要在沉默与回应之间找到平衡，这样才能更好地促进沟通和理解。在社交沟通中，完全保持沉默可能会带来一些负面效果，影响沟通的效果和人际关系的发展。

沉默可能被误解为不感兴趣。在社交互动中，完全的沉默可能会被对方误解为你对他们的观点或话题不感兴趣，甚至可能被认为是对他们的忽视或不尊重。

沟通是一个双向的过程，适当的反馈是确保信息传递准确的重要环节。如果一直保持沉默，对方可能无法确定你是否理解了他们的意思，或者是否同意他们的观点，这可能导致误解或沟通不畅。

适当的回应和互动是建立和维护良好人际关系的重要方式。如果一直保持沉默，可能会让对方感到被冷落，从而阻碍关系的发展。

有时，你的沉默可能会引发误解和猜疑。在某些情况下，如何你保持沉默可能会引发对方的误解和猜疑，尤其是当话题涉及敏感或重要问题时。适当的回应和互动可以增强彼此的信任和理解，让对方感受到被尊重和理解，从而使沟通更见成效。

所以我们不能在沟通中总保持沉默，如果你担心因为自己的过于健谈影响对方的表达，那么可以选择简短回应的方式来应对。

简短回应是一种非常有效的倾听技巧，能够在倾听过程中给予对方积极的反馈，鼓励对方继续表达自己的想法和感受。以下是一些具体的方法，能帮助你更好地运用简短回应来鼓励对方：

○ **使用肯定的语气词**

这些简单的语气词可以传达出你在认真听，并且理解对方的话。

例如："嗯""我明白""是的""对啊""哦，我懂了"。

○ **简短的鼓励性话语**

这些简短的话语可以表达你对对方的支持和理解，鼓励对方继续说下去。

例如："你说得很有道理""我完全同意""这很重要"。

○ **复述关键信息**

通过简短地复述对方的关键信息，可以表明你在认真听并理解对方的话。

例如："所以你的意思是……，对吗？""我听你说的是……，是这样吗？""你是说……，对吧？"

○ **简单提问以深入了解**

通过简短的提问，可以引导对方进一步说明，鼓励他们更详细地表达自己的想法。

例如："能详细说说吗？""这是怎么发生的？""你当时是怎么想的？"

○ **表达理解和支持**

通过简短的话语表达你对对方的理解和支持，可以增强对方的表达欲望。

例如："我理解你的感受""这确实很不容易""我能想象你的感受"

○ **适当的肢体语言**

结合简短回应，适当的肢体语言可以增强你的反馈效果。

例如：点头、微笑、身体微微前倾。

简短回应是一种非常有效的倾听技巧，能够帮助你在倾听过程中给予对方积极的反馈，鼓励对方继续表达自己的想法和感受。通过使用肯定的语气词、简短的鼓励性话语、复述关键信息、提问以深入了解、表达理解和支持以及适当的肢体语言，你可以更好地运用简短回应来鼓励对方。在社交沟通中，完全保持沉默可能会带来误解、阻碍沟通效果、影响关系发展，甚至引发猜疑。适当的回应和互动是确保沟通顺畅、增强信任和理解的重要方式。因此，在倾听时，应该在沉默与回应之间找到平衡，通过点头、简短回应、复述关键信息、提问等方式，让对方感受到你的关注和理解。

听"八卦"也是倾听，但不要传"八卦"

"八卦"这个词在不同的语境中有不同的含义，但通常它指的是关于他人的私人生活、行为、关系或其他非公开信息的闲聊或流言蜚语。在社交场合中，"八卦"通常指的是人们之间关于他人的私人生活、行为、关系或其他非公开信息的闲聊。这些信息可能真实，也可能不真实，但通常带有一定程度的主观性和推测性。

虽然人们普遍对八卦持负面看法，但人人都喜欢"八卦"。从心理学角度看，"八卦"是一种自然的人类行为，人们通过分享和讨论他人的事情来建立社交联系、传递信息、表达情感和建立社会规范。在社交场合中，听"八卦"、传"八卦"是一个常见的现象。但会听"八卦"不传播"八卦"，才是一种非常重要的社交智慧。

"八卦"往往涉及一些轻松的话题，可以作为社交的润滑剂。通过倾听"八卦"，你可以更好地参与社交互动，了解圈子内的动态和关系。在工作场所，同事之间可能会讨论一些轻松的话题，如公司内部的小故事或行业内的趣闻。通过倾听这些"八卦"，你可以更好地了解同事的兴趣和关注点，增强团队的凝聚力。

听"八卦"可以帮助你建立信任关系。当别人愿意和你分享八卦时，说明他们信任你，认为你可以保守秘密。通过认真倾听，你可以回报这种信任，从而增强彼此的关系。同事向你透露一些工作中的小秘密时，通过认真倾听并保守秘密，你可以赢得同事的信任，从而在工作中建立更紧密的合作关系。

"八卦"可以帮助你了解社交圈子内的动态和关系。通过倾听"八卦"，你可以更好地了解谁和谁关系好，谁可能有矛盾，从而在社交中更好地定位自己。当你进入一个新的社交圈子时，倾听"八卦"，可以快速了解圈子内的关系和动态，避免踩雷。

"八卦"许多人都爱听，但为什么可以听，但不要传呢？

因为"八卦"往往涉及他人的隐私和敏感信息，传播"八卦"可能会伤害到他人。即使"八卦"的内容看似无害，也可能在传播过程中被误解或夸大，从而对他人造成不必要的伤害。

如果你传播了同事的"八卦"，可能会导致同事之间的矛盾和不信任，甚至影响到工作氛围和团队合作。传播"八卦"不仅会伤害他人，还可能损害你自己的声誉。一个喜欢传播"八卦"的人往往会被视为不可靠、不成熟，甚至可能会被别人排斥。

在一个社交圈子中，如果你以传播"八卦"而闻名，其他人可能会对你敬而远之。在职场中，如果你以传播"八卦"而闻名，可能会被领导和同事视为不成熟、不专业，从而影响你的职业发展。

甚至，有时候，在非常极端的情况下，传播"八卦"可能会引发不必要的麻烦，还可能导致法律问题。在某些情况下，传播他人的隐私或敏感信息可能会被视为侵犯隐私，从而引发法律纠纷。

总之，在社交场合中，听"八卦"但不传播"八卦"是一种非常重要的社交智慧。通过听"八卦"，你可以增强社交互动，建立信任关系，了解社交圈子内的动态。然而，传播"八卦"可能会伤害他人，损害自己的声誉，甚至引发不必要的麻烦。因此，学会在听和传之间找到平衡，保持中立，适时转移话题，保守秘密，是维护良好人际关系的重要方式。

"随声附和"是人人都需要学习的社交技能

"随声附和"这个词往给人一种领导应声虫的感觉，但其实在社交场合中,"随声附和"有其积极的一面,尤其是在增强社交互动、避免冲突、表达尊重和促进团队合作方面。

在某些社交场合中,适当的"随声附和"可以帮助你更好地融入群体,增强与他人的互动。比如,当朋友们在讨论一个热门话题时,适当的"随声附和"可以让你更好地参与讨论,避免被孤立。例如,当大家在讨论一部热门电影时,即使你没有看过这部电影,也可以通过"随声附和"表达对电影的好奇和兴趣,从而融入讨论。

"随声附和"还能帮你避免不必要的冲突。在一些敏感或有争议的话题上,适当的"随声附和"可以避免不必要的冲突。在社交活动中,当大家在讨论一些有争议的话题时,适当的"随声附和"可以避免自己陷入不必要的争论,保持良好的社交关系。

适当的"随声附和"可以表达你对他人观点的尊重,增强信任关系。在团队讨论中,适当的"随声附和"可以表达你对团队成员的支持,促进团队合作和凝聚力。当团队成员提出一个好主意时,通过"随声附和"表达你的支持,可以增强团队的凝聚力和合作精神。当团队成员提出一个关键建议时,通过"随声附和"表达你的认同,可以增强团队成员的积极性和参与度。

当然,"随声附和"也确实存在一些消极影响。过度"随声附和"可能会让你失去自己的观点和立场，导致他人对你的看法产生误解。当朋友在讨论一个你不同意的观点时，如果你一味地"随声附和"，可能会让朋友误以为你完全认同他们的观点，从而失去表达自己真实想法的机会。

如果你在工作中总是"随声附和"，可能会让团队成员误以为你没有自己的想法，从而影响你的职业形象和职业发展。过度"随声附和"可能会让他人觉得你不可靠，甚至可能会怀疑你的真诚。如果你总是"随声附和"朋友的观点，朋友可能会觉得你不够真诚，从而影响你们之间的信任关系。如果你总在工作中"随声附和"领导的观点，领导可能会觉得你没有独立思考的能力，从而影响你在团队中的地位。

所以，如何适度和恰当地运用"随声附和"的确是需要学习的社交技能，但其实只要你掌握以下几点，就能收放自如地"随声附和"：

首先，保持真诚。

在随声附和时，要保持真诚，不要为了迎合他人而失去自己的立场。当朋友在讨论一个你不同意的观点时，可以通过委婉的方式表达自己的看法，而不是一味地随声附和。例如，可以说："我理解你的观点，但我也有不同的看法……"

当领导提出一个观点时，可以通过适当的回应表达自己的认同，但也可以在合适的时机提出自己的建议和想法。

其次，适当回应。

在随声附和时，要适当回应，而不是一味地重复他人的话。当朋友在讨论一个话题时，可以通过点头、微笑或简短的回应（如"我明白""你说得很有道理"）来表达你的认同，而不是一味地重复朋友的话。

当领导提出一个观点时，可以通过简短的回应（如"我完全同意""这个观点很关键"）来表达你的认同，同时也可以在合适的时机提出自己的补充意见。

再次，保持独立思考。

在随声附和时，要保持独立思考，不要盲目跟从他人。当朋友在讨论一个你不同意的观点时，可以通过适当的回应表达你的认同，但也要表达自己的独立思考。例如，可以说："我理解你的观点，但我也有不同的看法，我认为……"

在团队合作中，即使你认同领导的观点，也要表达自己的独立思考。例如，可以说："我完全同意领导的观点，我认为我们还可以从这个角度进一步优化……"

第四，适时表达不同意见。

在适当的时机，要敢于表达自己的不同意见，而不是一味地随声附和。当朋友在讨论一个你不同意的观点时，可以通过适当的回应表达你的认同，但也要在合适的时机表达自己的不同意见。例如，可以说："我理解你的观点，但我也有不同的看法，我认为……"

当领导提出一个观点时，可以通过适当的回应表达你的认同，但也要在合适的时机表达自己的不同意见。例如，可以说："我完全同意领导的观点，但我认为我们还可以从这个角度进一步优化……"

总之，恰当地运用随声附和是一种重要的沟通技巧，可以帮助你在社交场合中如鱼得水，但这也是一种需要我们学会适度运用的技巧。

倾听的十大原则

倾听是一门艺术，也是一门需要遵循一定原则的技能。以下是倾听的十大原则，这些原则可以帮助你更有效地倾听他人，建立良好的人际关系，提升沟通质量。

原则一：全神贯注

定义：倾听时要全身心投入，避免分心。

实践方法：在倾听时，关闭手机或其他可能干扰的设备，保持眼神接触，身体微微前倾，表现出专注的姿态。

重要性：全神贯注可以让对方感受到被尊重和重视，同时也能帮助你更好地理解对方的话。

原则二：避免打断他人讲话

定义：不要在对方说话时打断，让对方把话说完。

实践方法：耐心等待对方完成一段话后再回应。即使你有不同意见，也要等对方说完后再表达。

重要性：打断对方不仅会让对方感到不被尊重，还可能错过对方的重要信息。

原则三：保持开放心态

定义：不要带着先入为主的观念去评判对方，尽量从对方的角度理解问题。

实践方法：即使你不同意对方的观点，也要先听完对方的想法，再表达自己的看法。

重要性：开放心态可以帮助你更好地理解对方，避免因偏见而产生误解。

原则四：关注非言语信息

定义：除了言语内容，还要关注对方的语气、语调、表情和肢体语言。

实践方法：注意对方的眼神、微笑、皱眉、手势等非言语信息，这些信息可以提供更多的背景和情感线索。

重要性：非言语信息往往能揭示对方的真实感受，帮助你更全面地理解对方。

原则五：积极反馈

定义：通过点头、简短回应或复述关键信息等方式，让对方知道你在认真听。

实践方法：用"嗯""我明白""是的"等简短话语回应，或者复述对方的关键信息，如"你刚才说……，是这样吗？"

重要性：积极反馈可以让对方感受到被关注和理解，增强沟通的互动性。

原则六：避免急于评判

定义：不要急于对对方的观点或行为做出评判，先理解对方的立场。

实践方法：延迟评价，等对方说完后再表达自己的看法。即使有不同意见，也要用温和的方式提出。

重要性：避免急于评判可以减少冲突，帮助你更好地理解对方的观点。

原则七：提问以深入了解

定义：通过提问来获取更多信息，帮助你更好地理解对方的想法和感受。

实践方法：用开放式问题引导对方进一步说明，如"能详细说说当时的情况吗？"或"你当时是怎么想的？"

重要性：提问可以促进更深入的交流，帮助你更好地理解对方的意图和需求。

原则八：保持耐心

定义：倾听时要保持耐心，不要急于结束对话。

实践方法：即使对方说话比较慢或重复，也要耐心倾听，不要表现出不耐烦的情绪。

重要性：耐心可以让对方感受到被尊重，鼓励他更自由地表达自己的想法。

原则九：尊重对方的感受

定义：尊重对方的情绪和感受，不要轻视或否定。

实践方法：用言语回应对方的情绪，如"听起来你很沮丧，我能理解你的感受。"

重要性：尊重对方的感受可以增强彼此的信任和情感联系。

原则十：保持专注和一致性

定义：在倾听过程中保持专注，不要让自己的注意力分散。

实践方法：避免在倾听时做其他事情，如玩手机、看手表等。始终保持一致的专注态度。

重要性：保持专注和一致性可以让对方感受到你的诚意，增强沟通的效果。

总之，倾听不仅是听对方说什么，更是理解对方的感受和需求。遵循以上十大原则，可以帮助你更有效地倾听他人，建立良好的人际关系，提升沟通质量。记住，倾听是一种尊重和关爱他人的表现，也是一种重要的沟通技巧。

第三章

破冰只是起点，稳定长期的人际关系才是沸点！

在人际关系的初始阶段，破冰是必不可少的第一步，但也只是第一步，稳定长期的人际关系才是终极目标。稳定长期的合作关系能够使双方在合作过程中更加默契，减少猜疑和不必要的沟通成本，可以成为彼此成长的助力，能给人带来更多更好的合作。

所以说，破冰是钥匙，是打开彼此心门的第一步，为长期关系的建立提供了机会，而稳定长期的关系才是人际关系的沸点，需要我们在破冰的基础上不断努力去维护和发展。

那么我们应该怎样做维护和发展长期稳定的人际关系呢？其实只要做到建立深度信任、持续投入和互利共赢即可。

信任是合作的基石，
深度信任是长久合作的基础

在合作中要始终做到信息透明，共享才是稳定关系的基础

在合作中始终做到信息透明和共享是建立和维护稳定合作关系的基石。这种透明和共享不仅能增强信任，还能提高合作效率，减少误解和冲突，最终实现互利共赢。

透明和共享是信任的核心要素。当合作方能够及时、准确地获取相关信息时，他们更容易相信对方是值得信赖的。在商业合作中，如果一家公司能够主动分享财务报表、项目进度和潜在风险，另一方会感受到对方的诚意，从而增强对合作的信心。

透明的信息共享可以避免因信息不对称而产生的误解和猜测。例如，在团队合作中，如果成员能够及时了解项目的最新进展和任务分配，就能更高效地完成工作。当所有相关方都能获取完整的信息时，决策过程可以更加迅速和准确。例如，在紧急情况下，如果所有合作方都能及时获取相关信息，就能迅速制定应对策略。

透明的信息共享为双方提供了学习和改进的机会。通过共享经验教训，合作方可以共同进步，提升合作质量。透明的信息环境鼓励创新和优化。当合作方能够看到整个合作过程中的各个环节时，更容易发现潜在的改进点。

在面对风险和挑战时，透明的信息共享能够让合作方共同制定应对策略。例如，在市场环境变化时，如果双方能够及时共享市场动态和内部数据，就能更好地调整合作方向。透明的信息共享可以减少因信息不对称而导致的单方面风险。例如，在供应链合作中，如果供应商能够及时告知原材料短缺的情况，采购方可以提前调整生产计划。

那么我们应该如何做到信息透明和共享呢？

首先，建立透明的沟通机制。

定期沟通：定期召开会议，分享项目进展、财务状况、市场动态等信息。例如，每周或每月的项目进度会议可以帮助团队成员及时了解项目状态。

即时沟通：在遇到紧急情况或重要信息时，及时通过电话、邮件或即时通讯工具进行沟通。

其次，主动共享关键信息。

财务信息：在商业合作中，共享财务报表和预算信息，确保双方都能了解合作的财务状况。

项目进度：通过项目管理工具或共享文档，实时更新项目进度，让所有合作方都能随时查看。及时共享潜在风险和应对措施，让合作方能够共同参与风险管理。

再次，透明决策过程。

共同参与决策：在重要决策过程中，邀请合作方共同参与，确保决策过程透明。

明确决策依据：在做出决策后，向合作方解释决策的依据和考虑因素，增强决策的透明度。

信息透明虽然可能会增加短期成本，但其创造的"合作贴现因子"能显著降低长期交易成本。通过建立透明的沟通机制、共享关键信息、使用技术工具、营造信任文化以及透明的决策过程，可以有效增强合作双方的信任，提高合作效率，促进共同成长，并共同应对风险。这种透明和共享不仅能够为当前合作打下坚实基础，还能为未来的长期合作奠定信任基石。

合作中遇到问题要及时反馈，千万不要遮遮掩掩

在合作中，遇到问题及时反馈是非常重要的原则，而避免

遮遮掩掩则是这一原则的核心要求。遮遮掩掩不仅会掩盖问题的本质，还会导致问题恶化，破坏合作关系，甚至引发信任危机。问题如果得不到及时反馈，可能会逐渐积累并扩大化。例如，在一个软件开发项目中，如果开发人员发现代码中存在潜在的漏洞，但没有及时反馈给团队，这个漏洞可能会在后续的测试和上线阶段引发更大的系统故障，影响整个项目的进度和质量。

有效的反馈能够让相关方迅速了解问题所在，从而集中精力寻找解决方案。比如在供应链合作中，如果供应商发现原材料供应可能会出现延迟，及时反馈给采购方，双方可以共同协商调整生产计划或者寻找替代方案，避免因原材料短缺而导致生产停滞。当合作方及时反馈问题时，会让相关方感受到诚意和透明度，从而增强信任。例如，在长期的合作伙伴关系中，一方主动反馈问题并积极寻求解决方案，会让另一方相信这是一个值得信赖的合作伙伴。

及时有效地反馈能够营造一种开放、坦诚的沟通氛围，让双方都愿意分享信息和想法。这种文化有助于更好地协调合作中的各种事务，减少误解和猜疑。通过及时有效的反馈，可以发现合作流程中存在的潜在问题，从而及时进行优化和改进。例如，在生产合作中，工人反馈某个生产环节存在效率低下的问题，管理层可以根据反馈调整生产流程，提高整体生产效率。

如果有问题不及时反馈，遮遮掩掩则会产生严重的后果。如果问题被掩盖，可能会在不知不觉中恶化。例如，在建筑工程中，如果施工人员发现基础部分有裂缝但没有及时反馈，随着时间的推移，裂缝可能会扩大，最终导致建筑结构的安全隐患。

问题拖延得越久，解决起来就越困难。例如，在财务合作中，如果一方发现账目有出入但选择隐瞒，等到问题被发现时，可能已经涉及复杂的财务纠纷，难以快速解决。

遮遮掩掩会让合作方产生猜疑，怀疑对方的诚信和合作诚意。例如，在商业合作中，如果一方隐瞒了产品缺陷，被发现后，另一方可能会对整个合作产生怀疑，甚至终止合作。

信任一旦受损，很难恢复。即使当前问题得到解决，合作方也可能因为之前的不信任而在未来合作中更加谨慎，甚至拒绝进一步合作。

所以我们在工作中一定要建立反馈机制，建立清晰的反馈渠道，让合作方能够方便地反馈问题。例如，可以通过定期的会议、在线反馈平台或者专门的沟通渠道来收集反馈。营造一种鼓励反馈的文化，让合作方不担心因反馈问题而受到指责。例如，通过奖励机制鼓励员工或合作伙伴积极反馈问题，并鼓励合作方在遇到问题时及时沟通，不要担心被批评。例如，在团队会议中，领导者可以强调开放沟通的重要性，鼓励成员分享问题和建议。

在合作中遇到问题时，及时反馈是维护合作关系、提高合作效率和促进共同成长的重要保障。遮遮掩掩不仅会掩盖问题的本质，还会导致问题恶化，破坏信任，增加沟通成本。通过建立反馈机制、培养沟通文化，可以有效避免遮遮掩掩的行为，确保合作的顺利进行。只有做到及时反馈，才能在合作中实现互利共赢，赢得合作伙伴的长期信任和持久支持。

造成失误要主动承担责任，千万不要推诿

在合作中，当出现失误时主动承担责任而不是推诿，具有极其重要的意义。这种行为不仅有助于解决当前问题，还能维护合作关系的稳定性和长期性，甚至提升个人或组织的声誉。

当合作中出现问题时，主动承担责任可以帮助快速定位问题的根源。例如，假设在一个软件开发项目中，开发团队发现某个功能模块存在严重漏洞。如果相关开发人员能够主动承认是自己在代码编写过程中疏忽导致的漏洞，团队就可以迅速聚焦于这个模块进行修复，而不是花费大量时间去排查其他部分。

相反，如果开发人员试图推诿责任，声称可能是其他团队成员的代码导致了问题，或者说是测试环节没有发现漏洞，那么团队就会陷入互相指责的混乱局面，浪费宝贵的时间和精力。

主动承担责任能够让团队集中资源去解决问题。以建筑项目为例，如果施工过程中发现某个结构部分不符合设计要求，负责该部分的施工团队主动承认是施工过程中的操作失误导致的偏差，项目管理团队就可以迅速调配资源，如安排专业的维修人员、采购必要的材料等，来修复问题。

如果施工团队试图掩盖失误，声称是设计图纸有问题或者材料质量差，那么项目团队可能会把精力放在审查设计图纸和材料供应商上，而忽略了真正需要解决的施工质量问题，导致问题拖延，甚至可能引发更严重的安全隐患。

主动承担责任是建立和维护信任的关键行为。在商业合作中，信任是非常宝贵的资产。例如，一家供应商在发现提供的原材料存在质量问题后，主动通知采购方，并承认是自己在质量控制环节出现了失误，同时提出补救措施，如更换原材料并承担相关费用。这种行为会让采购方感受到供应商的诚信和责任感，从而增强双方的信任。

承认错误可以避免因责任推诿而产生的冲突。在团队合作中，当出现问题时，如果成员之间互相指责，试图把责任推给对方，很容易引发争吵和矛盾，破坏团队的和谐氛围。

在商业合作中，合作伙伴更愿意与那些有责任感、值得信赖的个人或企业合作。例如，一家供应商因为总是主动承担责任，及时解决问题，在行业内树立了良好的口碑。其他企业了解到这一情况后，更愿意与该供应商建立长期合作关系，因为他们相信这样的供应商能够在合作中遇到问题时积极应对，而不是推诿扯皮。

在合作中，当出现失误时要主动承担责任而不是推诿，具有多方面的重要意义。它能够帮助快速解决问题，维护合作关系的稳定，提升个人和组织的形象，促进个人和组织的成长，同时也符合道德和法律的要求。因此，在合作中，我们应该积极主动地承担责任，勇于面对失误，这样才能实现合作的长期成功和个人的持续发展。

波音公司作为全球知名的航空航天企业，在其复杂的供应链管理中，曾经历过因供应商失误而导致的合作问题。其中一个典型案例是波音737 MAX飞机的开发过程中，由于供应商提供的关键零部件存在设计和制造缺陷，导致了严重的安全问题。

事故发生后，波音公司面临巨大的舆论压力和信任危机，但他们没有选择推诿责任，而是主动承认了自身在供应链管理和安全审核方面的失误。通过主动承担责任，波音公司在一定程度上恢复了公众和合作伙伴的信任。波音公司对内部管理和供应链体系进行了全面的改革和优化，加强了安全审核流程，提升了产品质量和安全性。这些改进措施不仅有助于恢复市场信心，也为波音公司未来的可持续发展奠定了基础。

以上案例表明，在合作中造成失误时，主动承担责任而不是推诿，能够带来多方面的积极影响。波音公司通过承认错误、积极整改和加强管理，不仅在一定程度上恢复了公众信任，还推动了自身和行业的改进与提升。这充分说明了在合作中，面对问题和失误时，主动承担责任是维护合作关系、提升企业形象和实现可持续发展的关键。

与人交往要有包容性，容忍他人的非原则性错误

在长期合作的过程中难免会出现一些小的失误或偏差。如果对这些非原则性错误过于苛求，可能会引发不必要的冲突和矛盾。例如，在一个项目合作中，合作方可能因为一些不可抗力因素（如临时的技术问题或人员调配问题）导致任务进度稍有延迟。如果能够容忍这种小的偏差，项目仍可以顺利推进，而不是因为一个小问题而陷入僵局。如果立即严厉指责，可能会让对方感到被冒犯，从而产生抵触情绪。相反，通过宽容和理解，可以避免这种冲突，保持合作关系的和谐。

当合作方感受到你的宽容和理解时，会更加信任你。这种信任是长期合作的基础。例如，在一个长期的供应链合作中，如果供应商偶尔出现一些小的供货延迟，而你能够理解并给予一定的缓冲时间，供应商会更加珍惜与你的合作关系，未来也会更加努力地满足你的需求。

合作过程中难免会遇到一些不可预见的情况或出现小的偏差。容忍非原则性错误能够体现合作的弹性，使合作能够适应这些小的波动。例如，在一个项目合作中，合作方可能因为一些不可抗力因素（如临时的技术问题或人员调配问题）导致任务进度稍有延迟。如果能够容忍这种小的偏差，项目仍可以顺利推进，而不是因为一个小问题而陷入僵局。

容忍非原则性错误可以让合作方感受到你的理解和支持，从而更加积极地投入合作中。例如，当合作方在工作中出现一些小的失误时，如果你能够以宽容的态度对待，并给予他们改正的机会，他们会更有动力去改进工作，而不是因为害怕犯错而变得畏首畏尾。

如果对合作方的每一个小错误都进行严厉指责，可能会导致双方陷入无休止的沟通和争论中，从而浪费大量时间和精力。相反，通过容忍非原则性错误，可以减少这种不必要的沟通成本，让双方能够更高效地推进合作。例如，在一个团队合作项目中，如果成员之间能够相互宽容小的失误，团队可以更快地达成共识，提高工作效率。

当然，容忍非原则性错误并不意味着忽视问题，而是通过更温和的方式提醒合作方注意并改进。这种宽容的环境能够鼓励合作方主动反思和改进，从而提升合作质量。例如，当合作方在工作中出现一些小的偏差时，如果你方能够以友好的方式提醒他们，并提供改进的建议，他们可能会更加积极地去解决问题，而不是因为害怕被批评而忽视问题。

容忍非原则性错误是一种成熟的合作态度。它表明你能够从大局出发，理解合作过程中可能出现的小问题，并以理性和宽容的方式处理这些问题。这种态度能够赢得合作方的尊重，提升合作的层次。例如，在一个大型项目合作中，如果合作方出现一些小的失误，而你方能够以宽容的态度对待，这将展示你方的专业素养和合作精神。

容忍非原则性错误有助于建立一种积极、宽容的合作文化。在这种文化中，合作方能够感受到彼此的理解和支持，从而更加愿意合作。

合作过程中，应该将精力集中在解决关键问题和推动合作目标的实现上。如果对每一个小错误都过于苛求，可能会分散精力，导致无法集中力量解决真正重要的问题。通过宽容和理解，可以避免因小问题而破坏合作关系，从而确保合作能够长期稳定地进行。

当合作方感受到你方的宽容和理解时，会更加珍惜合作机会，从而增强责任感。这种责任感会促使他们更加努力地工作，避免再次出现类似的错误。例如，在一个项目合作中，如果合作方感受到你方的理解和支持，他们会在后续工作中更加认真负责，以回报你方的宽容。

总之，容忍合作方的非原则性错误不仅有助于维护合作关系的稳定和和谐，还能提升合作效率和质量，促进合作方的成长，是一种体现合作成熟度和专业性的表现。

长期稳定的关系需要持续维护

建立个人品牌，成为对别人"有用"之人

在社交中，建立个人品牌并成为一个对别人"有用"的人，能够极大地提升个人的社交价值和影响力。这种策略不仅有助于建立更广泛、更深入的人际关系，还能为个人带来更多的机会和发展空间。尤其是你想与他人建立长期稳定的合作关系时，个人品牌的建立，也就是人设的建立是非常重要的。

个人品牌是你在社交圈中的"名片"。当你建立起一个积极、专业的个人品牌时，别人会更容易记住你，并且对你的能力和信誉产生信任。例如，一个在社交媒体上以专业知识分享而闻名的人，会吸引到更多同领域的人关注和信任。如果你是一个市场营销专家，通过定期发布高质量的营销策略文章和个人品牌故事，逐渐在行业内树立了专业形象。当其他企业或个人需要营销建议时，他们很可能会首先想到你。

一个清晰的个人品牌能够让你在众多社交对象中脱颖而出。它展示了你的独特价值和专长，使你成为某个领域的"专家"或"权威"。这种独特性会吸引那些需要你专业技能或知识的人。一个专注于环保领域的创业者，通过在各种社交平台上分享环保创新项目和个人经历，逐渐成为该领域的知名人物。当其他环保组织或企业需要合作或咨询时，他自然会成为首选对象。如果你是一个健身爱好者，通过在社交媒体上分享健身经验和健康生活方式，你会吸引到其他健身爱好者。他们可能会成为你的朋友、合作伙伴，甚至客户。

当你成为一个对别人"有用"的人时，你就会吸引到那些与你有共同兴趣、目标或价值观的人。一个有价值的人更容易被介绍给更多的人。当你的朋友或合作伙伴看到你在某个领域的能力和价值时，他们会主动将你介绍给他们的朋友或同事，从而让你的社交网络不断扩展。

当你建立了一个强大的个人品牌并展示出自己的价值时，别人在需要相关服务或合作时会优先考虑你。当你通过个人品牌展示了自己的专业知识和独特见解时，你可能会逐渐成为某个领域的意见领袖。你的观点和建议会被更多人关注和采纳，从而提升你在社交圈中的影响力。

既然打造个人品牌如此重要，那么我们应该如何进行呢？打造个人品牌是一个系统性工程，需要从定位、内容创作、形象塑造、社交互动等多个方面入手：

首先，明确个人品牌定位。

找准自我定位，分析自身的优点、缺点，找到自己的不可替代性。思考自己擅长什么、对什么感兴趣、能提供什么有价值的东西。提炼与自己高度相关、特点鲜明的标签，让人更容易记住你，选择一个垂直细分的领域，聚焦专注，长期坚持。

其次，建立线上形象。

选择一个或几个适合自己的社交媒体平台，完善个人简介，突出你能解决的问题，定期发布有价值的内容。建立一个简单的官网或个人社交账号介绍页面，展示你的服务、作品、客户评论等，提升专业形象。

再次，持续输出优质内容。

分享专业知识、实用技巧、案例分析等，帮助他人解决问题，向他人展示自己的内在价值。主动提出问题或呼吁评论，与他人建立对话，营造共同学习的氛围。定期输出内容，提高存在感，保持内容输出的频率和规律性。

第四，积极与行业人士建立联系。

多参与线上或线下的行业论坛、群组、社群，与同行交流心得，互相学习。能力允许的话，可以通过合办活动、产品联动或播客访谈等方式，扩大影响力，触达更多群体。

但一定要记住，人脉不在于多，而在于精，要与几个志同道合的人建立深入关系，共享信息与机会，而不是好友随意加到上限。

第五，持续优化与调整。

定期获取他人的反馈，了解自己在他人眼中的形象，并根据反馈进行调整。时刻关注自己粉丝的数量、阅读量和互动数据等指标，评估个人品牌建设的效果。个人品牌也需要不断迭代，一定要坚持通过持续学习和进步来优化自己的人设。

第六，保持真实性和一致性。

建立个人品牌一定要是真实展现，对外展示的自己一定是真实的，否则一旦人设崩塌，之前的努力可能会前功尽弃。个人一定要始终保持一致的形象和价值观，不会说一套做一套。只有这样才能与他人建立长久的关系。

通过以上步骤，你可以逐步建立起自己的个人品牌，成为一个对别人"有用"的人，从而在社交中获得更多机会和发展空间。

不要用人朝前，不用人朝后

"有事钟无艳，无事夏迎春"这句话常被用来比喻人们在需要帮助时才想起别人，平时却不主动联系或关心他人。在人际关系中要注重平衡，不能过度索取而不给予回报。我们在社交和人际关系中不是不可以欠人情，但千万不能透支人情，要遵循相互尊重和互惠的原则。

人情是一种基于互惠的社会关系。当我们帮助别人时，对方可能会在适当的时候回报我们；同样，当我们需要帮助时，也会期望得到他人的支持。这种互惠关系是人际关系的基础，但如果过度索取而不给予回报，就会破坏这种平衡。

比如你总是向朋友借钱，但从未主动帮助他们解决任何问题，久而久之，朋友可能会对你产生反感，甚至疏远你。

人情透支意味着过度依赖他人而不考虑对方的感受和利益。这种行为会让对方感到被利用，从而破坏信任和友谊。比如在工作中，如果你总是把任务推给同事，自己却从不主动承担责任，同事可能会觉得你不可靠，甚至对你产生敌意。

一个人如果总是透支人情，会被周围的人视为"索取者"，而不是一个值得信赖和尊重的人。这种负面形象会影响你在社交圈中的声誉和地位。

改变这一状况，需要我们平时多关心他人，在不需要帮助的时候，也要主动关心朋友、同事和家人。通过日常的问候、帮助和关心，建立深厚的情感基础。比如定期给朋友打电话，询问他们的生活和工作情况；在朋友生病时主动去看望他们；在同事遇到困难时主动伸出援手。

还要注重互惠原则，当你接受别人的帮助时，要记得回报；当你有能力时，也要主动帮助他人。如果你的朋友帮你搬家，下次他们需要帮助时，你也要主动提供支持；如果你在某个领域有专长，可以主动分享知识和经验，帮助他人成长。

要学会感恩和表达感谢。当别人帮助你时，要真诚地表达感谢。感谢不仅能表达你的感激之情，还能增强对方的满足感和幸福感。给对方写一封言辞恳切的感谢，或者在公共场合感谢帮助你的人；对于小的帮助，也可以通过一条短信或一个拥抱来表达感谢。

此外，我们还应该注意，在与人交往时始终保持真诚和尊重。不要利用他人，也不要对他人敷衍了事。真诚和尊重是建立良好人际关系的基础。在与朋友相处时，不要说违心的话，不要背后议论他人；在与同事合作时，要尊重对方的意见和努力。

"人情千万不可透支"，提醒我们在人际关系中要注重互惠、真诚和尊重。这句话还揭示了人际关系中价值交换的底层逻辑——人情本质上是一种有限的社会货币，其使用需遵循"储蓄支取"的动态平衡法则。通过平时多关心他人、注重互惠原则、学会感恩和表达感谢、避免过度依赖他人，我们可以建立深厚而持久的人际关系，避免因人情透支而导致关系破裂。这样，我们不仅能在需要帮助时得到支持，还能收获更多的友谊和信任，与他人建立起持久的社交关系。

良好的个人关系，是长期合作的关键

无数事实证明，良好的个人关系能够增强双方的信任感，使谈判双方更愿意坦诚地交流和分享信息。当个人双方建立了深厚的信任关系时，他们更愿意在谈判中做出让步，以达成双赢的协议。良好的个人关系可以让双方更自然地交流这些信息，避免因信息不对称而导致的谈判僵局。通过建立良好的个人关系，谈判双方能够更好地理解对方的立场和需求，从而找到更合适的解决方案。

良好的个人关系还有助于缓解这些冲突，减少谈判中的紧张气氛。当双方建立了良好的个人关系时，他们更愿意通过沟通和协商来解决问题，而不是采取对抗性的态度。良好的个人关系可以增强双方的合作意愿，为长期合作创造有利条件。通过建立良好的个人关系，双方可以在谈判中找到共同的利益点，从而在未来的合作中实现共同发展。这种长期的合作关系不仅能够带来更多的商业机会，还能增强双方的市场竞争力。因此，在商业谈判中，重视和建立良好的个人关系是实现成功谈判的关键因素之一。

- **IBM与富士通的初次合作**

在商业谈判中，个人关系的重要性往往不亚于商业条款本身。IBM与日本富士通的合作案例就是一个生动的例证，展示了个人关系如何在复杂的商业环境中起到关键作用。

20世纪80年代，IBM希望进入日本市场，扩大其在日本的业务版图。然而，日本市场对于外国企业来说一直是一个难以攻克的堡垒，尤其是在计算机和电子设备领域。IBM意识到，要成功进入日本市场，必须与当地的强大企业建立合作关系。

IBM的谈判团队在准备进入日本市场时，首先选择了富士通作为潜在的合作伙伴。IBM的代表们深知，要在日本取得成功，必须建立深厚的信任关系。因此，他们并没有急于直接进入商业谈判，而是先从个人关系入手。

IBM的谈判代表们首先通过各种渠道了解富士通的管理层，特别是富士通的董事长。他们通过共同的朋友、行业会议和社交活动，逐渐与富士通的高层建立了联系。在这些非正式的场合中，IBM的代表们展示了对日本文化的尊重和对富士通企业的认可，赢得了富士通高层的好感。

经过一系列的前期的个人交流，IBM与富士通进入了正式的商业谈判阶段，由于双方已经建立了深厚的信任关系，因此谈判过程异常顺利。通过这次合作，IBM成功进入了日本市场，扩大了其在日本的业务版图。而富士通则借助IBM的技术和资源，提升了自身的技术水平和市场竞争力。

IBM与富士通的合作案例充分展示了个人关系在商业谈判中的重要作用。通过建立深厚的信任关系，IBM成功克服了进入日本市场的重重障碍，与富士通达成了双赢的合作协议。

● **个人关系撬动永创智能的两次关键谈判**

2018年深秋，上海某五星级酒店的会议室里，德国精密仪器制造商施耐特集团与杭州永创智能的并购谈判陷入僵局。德方代表汉斯·穆勒攥着财务报表，反复强调3.2亿欧元的估值底线，而永创创始人陈立冬始终不肯松口2.8亿欧元的报价。会议桌上，翻译机械重复着双方立场的差距，空气里飘着冷掉的咖啡香气。

第三轮谈判前的周末，陈立冬邀请汉斯参观西湖龙井茶园。在细雨蒙蒙的茶山上，陈立冬突然用流利的德语说起自己在慕尼黑工业大学留学的经历，汉斯惊觉这位中国企业家竟能准确说出巴伐利亚啤酒节的开幕日期。两人在茶农的木屋里喝着明前龙井，话题从并购条款转向家庭生活，汉斯手机屏保上双胞胎女儿的照片成为破冰契机。

次日上午的谈判出现戏剧性转折。当法务团队准备继续就专利估值展开拉锯战时，汉斯突然提议："我们或许可以参照去年收购捷克公司的交易模型。"这个暗示让陈立冬团队立即捕捉到谈判空间——捷克案例中的技术互补条款，正是三天前茶叙时陈立冬无意间提到的永创核心诉求。最终协议在原有估值基础上增加技术合作分红条款，双方在2.95亿欧元达成共识。

协议签署半年后，汉斯在巡视杭州工厂时遇到突发危机。质检部门发现某批传感器存在千分之三的误差波动，按照合同条款需全部返工。车间德国工程师坚持执行标准，中方生产主管则认为误差在合理范围。当技术团队争执不下时，陈立冬带着汉斯来到工厂顶楼露台，指着远处钱塘江上的货轮说："记得在茶园我说过的话吗？永创的生存哲学就像潮水，该进时勇猛，该退时灵活。"次日清晨，汉斯批准了误差范围内的特批放行。

以上案例表明，在复杂的商业环境中，个人关系不仅能够促进谈判的顺利进行，还能为双方带来长期的合作机会和共同的发展，因此在工作之余与他人建立良好的个人关系，也是破除与他人合作之间障碍的重要方法之一。

互利共赢，才能永远破冰

风物长宜放眼量，避免短期利益的诱惑

在商业合作中，从长期合作的角度出发，避免短期利益的诱惑，是一种更为明智和可持续的策略。这种策略不仅有助于建立稳固的合作关系，还能为企业带来更长远的发展和更大的价值。追求短期利益虽然在短期内可能会带来显著的经济收益或其他好处，但从长远来看，却可能隐藏着诸多潜在风险。这些风险包括损害长期合作关系、影响企业声誉、增加合作风险、影响企业内部稳定性以及破坏行业生态等。因此，企业和个人在决策时应权衡短期利益与长期发展的关系，避免因短期利益而损害长期利益，从而实现可持续发展。

当合作双方都致力于长期合作时，他们会更加注重彼此的利益和需求，而不是仅仅关注短期的得失。这种信任关系能够减少合作中的不确定性和风险，使双方在合作过程中更加放心地投入资源和精力。从长期合作的角度出发，能够帮助企业建立良好的声誉。良好的声誉不仅能够吸引更多的合作伙伴，还能在市场竞争中为企业带来竞争优势。

长期合作能够实现双赢的结果。当合作双方都从长期的角度出发时，他们更愿意寻找互利共赢的解决方案，而不是单方面的利益最大化。这种双赢的合作模式能够使双方在合作中都获得满意的结果，从而增强合作的稳定性和持续性。

长期合作能够促进双方的共同发展。通过长期合作，双方可以共享资源、技术和经验，实现优势互补，提升双方的竞争力。

长期合作能够减少合作中的不确定性。当合作双方都致力于长期合作时，他们会更加注重合作的稳定性和可持续性，从而减少因短期利益诱惑而导致的合作风险。长期合作能够增强双方的抗风险能力。通过长期合作，双方可以共同应对市场变化、技术变革和政策调整等外部风险，减少单一企业面临的压力。长期合作能够优化资源配置。通过长期合作，双方可以更好地规划和利用资源，避免因短期利益诱惑而导致的资源浪费。

长期合作能够实现可持续发展。通过长期合作，双方可以共同关注环境保护、社会责任等可持续发展问题，提升企业的社会形象和市场竞争力。

短期利益诱惑虽然在短期内可能带来显著的经济收益或其他好处，但从长远来看，却可能隐藏着诸多潜在风险。这些风险可能会对个人、企业甚至整个行业的长期发展产生负面影响。

沃尔玛与宝洁就曾经因为追求各种的短期利益而差点导致长期合作关系破裂。沃尔玛和宝洁都是全球知名企业，它们的合作关系对整个零售行业有着深远影响。然而，在早期的合作中，双方都曾为了实现自身利益最大化而产生矛盾和冲突，最终导致了两败俱伤的局面。

沃尔玛为了降低成本、提高利润，对供应商施加巨大压力，要求降低产品价格。这种策略虽然在短期内提高了沃尔玛的利润，但忽视了供应商的合理利益。沃尔玛还采取了严格的库存管理和物流控制措施，要求供应商承担更多的库存风险和物流成本。

宝洁为了保持自身的利润水平，不愿意完全接受沃尔玛的要求。它试图通过提高产品价格、减少促销活动等方式来维护自身利益。宝洁还试图通过与其他零售商合作，分散对沃尔玛的依赖，从而在谈判中获得更多筹码。

双方的这些行为导致了关系恶化。沃尔玛对宝洁的不合作态度感到不满，而宝洁则对沃尔玛的高压策略感到抵触。双方在谈判中频繁发生冲突，合作氛围变得紧张。

这种冲突不仅影响了双方的合作效率，还导致了市场上的不稳定因素增加，消费者也受到了一定的影响。由于双方都过于关注短期利益，忽视了长期合作的重要性，最终导致了两败俱伤的局面。沃尔玛的供应链效率受到影响，而宝洁的市场份额也受到了冲击。

经过一段时间的反思，双方意识到这种短视行为对双方的长期发展都极为不利。沃尔玛和宝洁开始重新审视合作模式，寻求更加平衡和可持续的合作关系。

后来双方通过建立更加透明的沟通机制、共同制定合作目标等方式，逐渐修复了合作关系。

沃尔玛和宝洁由于注重长期利益，通过共享数据、优化供应链等方式，实现了互利共赢。这种长期合作不仅提升了双方的竞争力，还为整个零售行业树立了合作的典范。

沃尔玛与宝洁早期的合作冲突是一个典型的因追求短期利益而导致长期关系破裂的案例。双方在早期为了实现自身利益最大化，采取了一系列短视行为，最终导致了合作关系的恶化和两败俱伤的局面。然而，通过反思和调整，双方最终建立了长期稳定的合作关系，实现了互利共赢。这一案例充分说明了在商业合作中，从长期合作的角度出发，避免短期利益的诱惑，才能实现可持续的发展。

确保合作公平,双方"利益均沾"

在合作中确保合作公平、双方"利益均沾"是维持长期合作关系、实现互利共赢的关键。这种公平性不仅体现在经济利益的分配上,还体现在合作过程中的尊重、信任和责任分担等方面。

公平的合作关系能够增强双方的信任。当双方都感到自己的利益得到了合理保障时,会更加愿意坦诚地交流和分享信息,减少猜疑和不信任。公平的利益分配能够提高双方的合作意愿。当合作双方都感到自己在合作中得到了应有的回报时,会更愿意继续合作,而不是寻找其他替代方案。

公平的合作关系有助于建立长期稳定的合作伙伴关系。当双方都感到合作是公平的,会更愿意在未来的项目中继续合作,而不是频繁更换合作伙伴。公平的合作关系能够使双方在面对市场变化、技术变革等挑战时,共同应对,而不是互相推诿责任。

公平的合作关系能够减少沟通成本。当双方都感到合作是公平的,会更愿意配合对方的工作,减少不必要的沟通和协调成本。在项目合作中,如果双方都能从合作中获得合理的利益,双方会更愿意共同制定项目计划,减少因利益分配不均而导致的沟通障碍。

公平的合作关系能实现优势互补。当双方都感到合作是公平的，会更愿意分享各自的优势资源，共同提升竞争力。当双方都感到合作是公平的，会更愿意遵守合作规则，减少因利益分配不均而导致的合作风险，会更愿意共同应对市场变化、政策调整等外部风险。

麦当劳作为全球知名的快餐连锁品牌，其成功不仅依赖于品牌影响力和产品创新，还离不开与供应商之间长期稳定的合作关系。麦当劳深知，只有通过与供应商建立互利共赢的合作模式，才能确保供应链的稳定和高效，从而实现长期的可持续发展。麦当劳在供应链管理上提出了一个共赢的"三脚凳"理念，即麦当劳、供应商和加盟商三方共同合作，实现利益共享和风险共担。这种合作模式强调长期信任和合作共赢，而不是短期的利润最大化。这种长期合作模式不仅减少了供应商的不确定性，还提高了供应链的效率和稳定性。

麦当劳与供应商共同分享市场增长带来的利益，同时也共同承担市场波动带来的风险。例如，在原材料价格上涨时，麦当劳会与供应商共同协商解决方案，而不是单方面要求降低价格。

麦当劳的供应商通过与麦当劳的合作，获得了稳定的订单和长期的发展支持。许多供应商在与麦当劳合作后，实现了生产技术的升级和市场份额的扩大。麦当劳通过与供应商的长期合作，确保了原材料的稳定供应和高质量。这种合作模式不仅提高了麦当劳的供应链效率,还增强了其市场竞争力。

麦当劳就是通过与合作方"利益均沾,长期共赢"取得了长期的竞争力。由此可见,确保合作公平、双方"利益均沾"是维持长期合作关系、实现互利共赢的关键。在秉承此一理念的合作中,双方通过合理分配利益、优化合作机制,最终建立长期稳定的合作关系,共同取得更大、更长足的发展。

善待竞争对手,任何人都会变成你的盟友

在商业和职业环境中,竞争是不可避免的。企业之间为了市场份额、客户资源和利润而竞争,个人之间为了职位晋升、荣誉和资源而竞争。竞争能够激发创新和效率,推动行业的发展。在科技行业,苹果和三星在智能手机市场上的竞争推动了双方不断推出更先进的技术和产品,最终也推动了整个行业的发展。

尽管竞争是存在的,但合作同样重要。在许多情况下,合作能够带来更大的利益。通过与竞争对手合作,可以共享资源、技术和经验,实现优势互补,提升竞争力。

所以我们一定要做人留一线,善待自己的竞争对手,因为竞争对手可能拥有你所缺乏的资源、技术和市场渠道。通过与他们合作,可以实现资源共享,提升自身的竞争力。善待竞争对手可以避免恶性竞争。恶性竞争不仅会损害双方的利益，还会破坏整个行业的生态。通过合作和互惠，可以实现双赢的结果。

竞争对手很有可能会成为我们的潜在盟友。竞争对手往往与我们处于同一市场环境中，面对着相似的市场机会和挑战。通过合作，双方可以共同开拓新的市场领域，扩大市场份额。在新能源汽车市场，特斯拉和传统汽车制造商如宝马、奔驰等虽然在高端市场存在竞争，但它们也通过合作共同推动电动汽车技术的发展，提升整个市场的接受度和需求。

在智能手机市场，苹果和三星虽然在高端市场激烈竞争，但它们也在某些技术领域（如芯片制造和屏幕技术）展开合作，共同应对市场变化和技术挑战。在半导体行业，英特尔和AMD虽然是竞争对手，但它们在某些技术领域（如芯片制造工艺和架构设计）展开合作，共同推动行业技术进步。在电商领域，阿里巴巴和京东虽然在零售市场存在竞争，但它们在物流配送、支付系统等方面展开合作，也共同提升了用户体验和获客量。

在现代商业环境中，企业之间的竞争关系并非总是零和博弈，而是可以通过合作实现双方的共同利益。通过共享市场机会、互补优势资源、合作创造新的价值、减少竞争成本和增强市场影响力，竞争对手可以成为实现长期共赢的潜在盟友。这种合作模式不仅有助于企业自身的发展，还能推动整个行业的健康发展。

2019年，汉堡王和麦当劳开展了"没有Whopper的一天"联合营销活动。活动期间，汉堡王将Whopper从菜单上撤下，鼓励顾客购买麦当劳的巨无霸，每购买一个巨无霸，麦当劳向儿童癌症慈善机构捐赠2美元。这次合作不仅提升了双方的品牌形象，还为慈善事业做出了贡献。

美泰公司旗下的芭比娃娃品牌会不定期地与各大时尚品牌展开联合促销。这种跨界合作不仅提升了芭比娃娃的品牌形象，还为合作的时尚品牌带来了新的客户群体。

2010年，海尔集团与日本骊住集团签订了营销渠道合作协议。海尔希望通过整合双方资源，为全球消费者提供一站式服务，提高市场占有率；骊住则希望通过海尔的销售平台，实现中国市场的快速发展。尽管合作过程中存在一些挑战，但双方通过资源整合和优势互补，共同拓展了市场。

无数的案例表明，竞争对手之间通过合作可以实现资源共享、优势互补，共同开拓市场，实现双赢。所以说，我们在任何时间都要善待竞争对手，因为今天的对手明天可能就是你的盟友。